発達障がい児のための
新しいABA療育

PRT®

Pivotal Response Treatment® の理論と実践

ロバート・L・ケーゲル 〈著〉
リン・カーン・ケーゲル
小野真／佐久間徹／酒井亮吉 〈訳〉

The PRT Pocket Guide:
Pivotal Response Treatment for Autism Spectrum Disorders

二瓶社

The PRT Pocket Guide:
Pivotal Response Treatment for Autism Spectrum Disorders
by Robert L. Koegel Ph.D., & Lynn Kern Koegel, Ph.D.

Originally published in the United States of America
by Paul H. Brookes Publishing Co., Inc.
Copyright © 2012 by Paul H. Brookes Publishing Co., Inc.

"PRT®,"
"Pivotal Response Teaching®,"
"Pivotal Response Training®,"
and "Pivotal Response Treatment®"
are registered service marks of Koegel Autism Consultants, LLC,
in association with educational conferences and workshops the authors provide
in the field of non-aversive treatment interventions for children with autism
and with the authors' learning center.

Japanese translation rights arranged with
Paul H. Brookes Publishing, Co., Inc.
through Japan UNI Agency, Inc., Tokyo.

訳者まえがき

「これは私たちと同じじゃないか！」

2010年、神戸親和女子大学における第28回日本行動分析学会でR.L. Koegel 博士の PRT の講演を聞いた際の、これが私の正直な感想であった。私はあまりに驚愕し、公演後、思ったことをそのまま素直に大声で出してしまっていた。私はそれほど興奮していた。これが私と PRT との実質的な出合いであった。

"Pivotal Response Treatment®" というのは、それより前に「機軸行動発達支援法」と訳されて伝わっており、私も概略は知っていたのだが、「実際に見たものしか信じない」という仕事上訓練された特有のクセによって、この本からの引っかかりを得ることは少ししかなかった。

ところが講演においては、事例の紹介とともにセッションの様子がビデオに映されていて、その様子は私たちと「ほぼ同様」のやり方だったのだ。実際に見たというそのインパクトは私の脳裏に強烈に残り、しばしの間、療育を考える際に常に付いて回ったほどである。

私は十数年、応用行動分析（ABA）内の「フリーオペラント法」を使って、創設者のひとりである師、佐久間と共に療育・療法を行っている。このフリーオペラント法というのは、実は ABA の中ではさまざまな面において「振り切った」療法であると私は考えている。現在の自閉症療育の主潮である Lovaas 法や TEACCH training のように、先行子操作、すなわち、環境設定はほとんど行わない。自然の中で、対象児の反応に従ってこちらが強化子の随伴操作をしていく。実験室から生まれた行動分析学においては、例えば実験動物には摂取制限をかけるなど、実験前の先行子操作が必須である。ところがそれを無視して、先行子操作はほとんど行わず、後続の自発反応を最大限に利用するフリーオペラント法は、Skinnerの言ったとおりまさに自然なままの「Free-operant事態」そのもので、それは統制を主とする行動分析学とは相反している部分が多々ある。創始者のひとりである佐久間も、フリーオペラント法と遊戯療法との類似性にも触れる始末で、フリーオペラント法はまさに日本の行動分析領域の鬼子となってしまっている。

だから畢竟、私たちは極右なのか極左なのかはわからないが行動分析学の中においては「振り切っている」集団となり、異端な部類に入ってしまう。ところがその振り切っている集団と同じことを、しかもLovaasの直弟子であるKoegelが同じことを行っている。このことは、かつてマイノリティーだったABAの中のさらにマイノリティーに甘んじていた私たちにとっては、大きな喜びを感じさせるには十分なものだったのだ。

しかし、どうしても引っかかる。どこが引っかかるかというと、「ほぼ同様」の「ほぼ」の部分である（佐久間に関しても同様だったようだ。私と違って明快な答えを持っていたようだが……）。何が「ほぼ」なのだろう？　なぜ「ほぼ」と言ってしまうのであろう？　それが私にとってPRT®への関心へとつながっていった。

同期の酒井亮吉から「Koegelの新刊が出ている」と聞いたのはそれから何年か経った後のことだ。私の頭の中には「よりPRT®を知りたい」との欲と、「フリーオペラント型の振り切った療法を世に広めるチャンスとして使える」との欲、この2つの欲に動かされ、即座に二瓶社に電話、社長の宇佐美嘉崇氏に頼み込み、版権獲得に挑んだ。

中途、翻訳作業を行いながら、「ほぼ」同様という違和感の部分がどこであるのかが、少しずつ理解できるようになっていった。その違いはある意味相当な違いではあるのだが、それと同様に決定的に彼らは私たちと同じ感覚を持って行っていることも、はっきりと理解できたのである。

異なる部分の説明については、「あとがき」の佐久間に任せるとして、Koegelと私たちとの共通点は「自発性」や「般化」である。

この２つが、強度の訓練を志向してきたLovaasの弟子から出てきたというのが、私にとっては非常に興味深い。Lovaas法では、この２つを展開・発展していくことが非常に困難で、およそ不可能に近い。なぜなのかはここでは割愛するが、Lovaasやその直弟子のKoegelも、おそらくこの２人は、自閉症だから「自発性」や「般化」はできにくい、仕方がないという病因論だけではなく、これはLovaas法においての「弱点」なのだということを理解していたのだろうと思われる。もともとから「自発性」「般化」に焦点を当てていたフリーオペラント法の視点から見ると、この見解はまさに卓見であると考える。そして、これこそが私たちの共通点となり得るのだ。このことがアメリカを中心とした自閉症療育の一潮流となっていることは、非常に大きな変化であると考える。

願わくは、本書が出ることによって、「自発性」「般化」などを元としたPRT®ないしはフリーオペラント形式の療育法が世間に流布していき、障がい児だけでなく定型発達の子どもたちへの共通の教育・療育の一助となってくれればと感じている。実は教育と療育はベッタリとくっつき、そして通じている。障がい児・者の療育は教育に広がることができる。療育は教育のお荷物ではなく、教育に多大なる有益性をもたらす。これは私や佐久間の、十数年ないしは四十数年の経験からの確信である。

本文の中での断りをひとつしたい。第２章の文章の配置を大きく変更した。第２章では、モチベーション獲得につき重要な５つのポイントが書かれている。原著にいたっては、５つのポイントをすべて紹介した後に、改めてその５つのエビデンスを伝えるという構成となっている。英語と日本語の違いなのだろうが、この構成では日本語においては同質の説明が２度も３度も説明されて冗長になると判断し、重要ポイントの後すぐにその項のエビデンスの文章をもってくるように改変した。

この本を出版するにあたって、版権がなかなか決まらない中、ご尽力を頂いた二瓶社の宇佐美嘉崇氏には心よりお礼を申し上げたい。英語にひどすぎる苦手意識を持つ私に対して院時代より15年もの長い間、ひとつの罰刺激も使わずに、まさにフリーオペラント式に育ててくださった共同訳者の佐久間徹教授には、決して足を向けて寝ることはできない。また私と関わってくれ、私と遊んでくれ、臨床家として私をしっかり育ててくれる、障がいを持つ子どもたちと親御さんたち、そして何より、私たちの言うフリーオペラント法を100%信頼して理解をし、そのやり方で楽しく子育てに励んでいる妻の智子、それによって育てられ、いつも私を癒やしてくれる娘の凛と結、みんなに多大なる感謝を贈りたい。

　　2016年7月

小野 真

著者紹介

Robert L. Koegel 博士は、自閉症、特に言語の指導、家族支援、統合教育などにおいて活躍しており、カリフォルニア大学サンタバーバラ校の「ケーゲル自閉症センター」の所長に就任しています。200を超える自閉症療育関係の論文と、自閉症および積極的行動支援の著書を6冊書いており、『Journal of Positive Behavior Interventions』の編集者も務めています。彼の療育手続きは公立学校で採用されていて、両親向け教育プログラムは国内や諸外国の至るところで利用されています。また、全米および諸外国の健康維持・増進の指導者や、特殊教育の指導者を訓練する立場に就いています。

Lynn Kern Koegel 博士は、ケーゲル自閉症センターの臨床サービス部の責任者をするとともに、アスペルガー研究のためのエリ／エダイス L. ブロードセンターの責任者にもなっています。彼女は初語、構文、語運用、社会的会話の発達など、自閉症児のコミュニケーション能力の改善プログラムの発展に向けた活動を行っています。コミュニケーション、言語獲得の関連論文、著作にくわえて、彼女は自立、機能分析に関しての指導手続き、指導マニュアルを完成させ出版をしています。そのマニュアルは学校現場で使用され、国内の親たちに読まれているだけでなく、諸外国で翻訳されています。Lynn Kern Koegel 博士は、『*Overcoming Autism: Finding the Answer, Strategies, and Hope that Can Trans form a*

Child's Life』（Viking/Penguin, 2004）（邦訳『自閉症を克服する——行動分析で子どもの人生が変わる——』日本放送出版協会）の著者であり、また、Claire LaZebnikと共に、『*Growing Up on the Spectrum*』（Viking/Penguin, 2009）（邦訳『自閉症を克服する——思春期編——』日本放送出版協会）を記しています。

　Koegel夫妻は、モチベーションに注目したPRTの開発者であり、子ども番組『セサミストリート』の最初の年間優秀賞の受賞者となり、自閉症児の発話に関する科学研究でも賞をもらっています。くわえてLynn Kern Koegel博士は、ABCの大ヒット番組である『スーパーナニー』に出演し、自閉症の子どもたちと共に番組に取り組んでいます。そして彼らの所属するカリフォルニア大学サンタバーバラ校は、「自閉症研究訓練センター」拡張のために235万ドルの寄付を受けています。その施設は現在、Koegelの功績が認められて「ケーゲル自閉症センター」と改名されています。また、エリ／エダイスブロード財団から莫大な寄付があり、アスペルガー症候群研究センターが開設され、現在ではケーゲル自閉症センターの一部に組み込まれています。

読者へ

　PRT®についてもっと知りたければ、われわれは文献関係、サービス関係、訓練関係に関して、幅広く情報を提供しています。http://www.koegelautism.com にはイベントの予定も掲載しています。また「PRT®」「Pivotal Response Teaching®」「Pivotal Response Training®」「Pivotal Response Treatment®」などの各名称は、アメリカで商標として登録されています。特許権と商標は、著者たちの研究所であり、自閉症児に対して嫌がらない指導介入のワークショップを行っている合同会社（LLC）「ケーゲル自閉症コンサルタント」の商標として登録しています。

　また、もうひとつの情報として、著者たちが本書より先にPRTに関して記した『*Pivotal Response Treatments for Autism: Communication, Social, & Academic Development*』（Paul H. Brookes Publishing Co.）（邦訳『機軸行動発達支援法』二瓶社）が出版されています。

原著まえがき

　本書は、自閉症およびアスペルガー症候群のための「PRT」という介入法についての解説書です。きわめて平易に誰でも実施可能なように書いています。「PRTとは？」「家族の中で、日常生活の中での介入に重要なことは？」についてわかりやすく述べています。介入の波及効果が大きく、スピーディに結果が得られるピボタル領域を見つける方法が書かれています。くわえて、PRTのひとつひとつの根拠になっている科学的事実を明白にし、全体をひとつにまとめて解説しています。

　各章で、守秘義務を遵守しつつ、われわれの実践例を使って基本的な問題の重要ポイントを記しています。そして、その重要ポイントの科学的根拠に関しての議論を紹介します。アスペルガー症候群から、独自なサポートが必要な子どもに至るまで、さまざまなレベルにどう介入したらいいのか、われわれの特異な実践例をご覧いただきます。こうした実践は「日常生活での介入」と呼ばれています。日常生活での介入は、書物や論文で見るほど単純なものではありません。現実の日常生活では想定外の出来事の連続で、そうした状況でどのように介入すればいいのか、イメージできるように努力しました。

　ご両親、ご家族、先生方、自閉症児に関与する人たちにとって、本書が有益な実践指針となるように願っています。自閉症スペクトラムに直接関わることがない人たちには、例えば、市町村の議員さん、校長先生や特殊教育の行政の人、知事さん、その他関連の専門職の人たちに、PRTなどの具体的で科学的根拠のある指導法の重要性を理解していただきたく思っております。

謝　辞

　Kristen Ashbaugh の支援に感謝します。彼女には本書執筆の全過程でお世話になりました。また、われわれの研究に参加してくれた子どもたちとその家族のみなさんに感謝しなければなりません。われわれはみなさんからたくさんのインスピレーションをいただきました。本書に紹介した私たちの研究の多くは、以下の諸機関からの援助のおかげです。感謝申し上げます。the California Children and Families Commision, the California State Council on Developmenal Disabilities, the National Institiute of Disability and Rehabilitation Research, the National Institute of Mental Health, the National Institues of Health, the U.S. Development of Education, and the U.S. Public Health Service.

序　文

　PRTという介入法は、自閉症児に対して有効性が実証されている、数少ないもののうちのひとつです。それはどういうことかというと、アメリカ心理学会などの専門機関が示している有効基準を満たしているということになります。自閉症児を抱える家族にとって発達は時間との勝負なので、これはきわめて重要なことなのです。聞こえがいいだけで有効性に欠けた介入法に時間を浪費してはいけません。自閉症の診断を受けたら、いろいろな指示が必要であり、介入が必要になるのです。なぜなら当初の改善困難な癖がいつまでも続くかもしれないからです。介入が早ければ改善はスムーズに進みます。遅すぎるとダメということはないのですが、言語発達遅滞や社会性の遅れの介入は早いほうがより良いのです。

　PRTは自閉症児の発達上の重要な要に焦点を合わせています。その最重要となる焦点は、社会的コミュニケーションを行う際のモチベーションにあります。それは発達のあらゆる側面に影響が及びます。モチベーションは脳神経系に関連し、ありとあらゆる行動に関連し、発達を大きく左右します。次ページの図は、PRTが注目する相互関連性を示しています。

　とても重要なことは、PRTによる介入は、長い年月をかけて作り上げたもので、これまでに数百の有効性を示す研究が存在することです。そして、具体的な行動に介入し、古くからの行動療法で開発された介入法が基礎になっているのです。有効性は広く認められています。ランダムサンプリングによる実験統制デザイン、あるいは、厳密な一事例実験デザイン、または、その双方を使って、複数の研究機関で行動論的介入の有効性が確認されています（有効性に関するレビュー，Chambless & Ollendick, 2001を参照）。要するに、われわれのクリニックで効果を上げているだけでなく、他のクリニックでも別の実験デザインによって同様の、バイアスなしの有効性

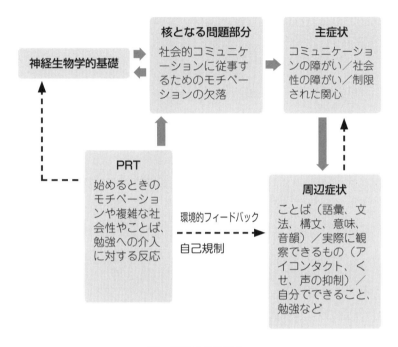

図. PRT介入モデル.

が認められているのです。

　PRTのもうひとつの重要なところは、全体として顕著な効果があるだけでなく、構成している各要素のひとつひとつが検討されていて、介入に貢献していることが確かめられていることです（R.L. Koegel, Koegel, & Camarata, 2010; R.L. Koegel, Koegel, Vernon, & Brookman-Frazee, 2010; National Autism Center, 2009; National Research Council, 2001; Odem, Boyd, Hall, & Hume, 2010a, 2010b; Simpson, 2005参照）。しかし、その開発者たちはひとつひとつの要素が具体的にどう機能しているのかを明らかにしていません。そうしたロスの多い指導で貴重な時間を無駄にしているのです。

　PRTは科学的基礎根拠に基づくものであり、次々に発見される新しい見方を付け加え、進化を続けています。まだ答えがすべてわ

かっているわけではないのです。だから次々に改善があり、より効率のいい新しい介入法が見つかり、子どもはよりスムーズに、より楽しく学習するようになります。介入法は進化し続けます。PRTも進化を続け、歳月を重ねて洗練され、名称を変更してきました。コミュニケーションに注目し、初語の指導に絞って研究した最初の論文では、"Natural Language Paradigm（NLP）"と呼んでいました。その当時一般的だった計算ドリルのような形式の介入とは逆に、日常生活の中でのやりとりに注目して、モチベーションを重視し、"Natural"と呼んでいたのです。

　以後、研究をさらに重ね、コミュニケーション以外の領域も取り入れて効果が飛躍的に向上しました。自閉症と呼ばれる症状全体の改善に貢献するようになり、"PRT"と呼ぶようになりました。次ページの表はPRTの有効性を裏付けるエビデンスをまとめたものです。

　次に示す4つの項目は、介入法の選択になぜ具体的なエビデンスが重要かを示すものです。

1. エビデンスこそが、本当のものと夢物語や誇大広告を区別してくれる。「最新にして最高の自閉症療法」などの甘いことばや派手なパンフレットにだまされてはいけません。非科学的なものほど本当らしく聞こえ、有名人の大袈裟な言い回しは、簡単に信じてしまうのです。
2. 資格、免許を持つ個人もそうですが、認可されている機関も、科学的根拠を持つ介入法に頼っているところが多くなっています。しかし非科学的介入によって訴訟問題を抱えているところも少なくありません。法的問題にならないよう、そうした事態は避けるほうが賢明です。
3. 保険会社も、その他の金融機関でも、有効性が貧弱で科学的根拠薄弱な介入に対して支払いを拒否します。一見もっともらしいと、治療費を支払うでしょうが、誰だって、効果のない介入

表．PRTの有効性を示す論文

研究者	論文タイトル	内容概略
PRTの元となる研究		
R.L. Koegel, O'Dell and Koegel (1987)	A Natural Language Paradigm for Teaching Nonverbal Autistic Children	従来の個別試行訓練よりも、PRT条件の方が積極的自発性の発声が活発で、般化の方が良好。
R.L. Koegel, Koegel, and Surrattt (1992)	Language Intervention and Disruptive Behavior in Preschool Children with Autism	従来の個別試行訓練に比べて、言語反応が活発で妨害行動が少ない。
L.K. Koegel, Koegel, Shoshan and McNerney (1999) Phase1	Pivotal Response Intervention Ⅱ：Preliminary Long-Term Outcome Data	介入前に言語レベルと適応レベルの良否を逆行分析で調べると、積極的自発性の方が良好。
L.K. Koegel, Koegel, Shoshan, and McNerney (1999) Phase2	Pivotal Response Intervention Ⅱ：Preliminary Long-Term Outcome Data	PRTの始発訓練で、適応性と実効性が暦年齢に接近し、自閉症という診断名が当てはまらなくなった。
L.K. Koegel, Carter, and Koegel (2003)	Teaching Children with Autism Self-initiations as a Pivotal Response	PRTの介入によって、「どうしたの?」「何してるの?」の疑問詞や-ing、-edへの般化が生じた。
R.L. Koegel, Shirotova, and Koegel (2009b)	Brief Report：Usingn Individualized Orienting Cues to Facilitate First-Word Acquision in Nonresponders with Autism	言語コミュニケーションの手がかりを持つPRTだけで正確に発話を獲得した。
R.L. Koegel, Vernon, and Koegel (2009)	Improving Social Inisiations in Young Children with Autism Embedded Social Interactions	社会的交流中にPRTを含めると、自発的発話が向上し、言語以外の活動も向上する。

姉妹関係の研究所との共同研究

Schreibman, Kaneko, and Koegel (1991)	Positive Affect of Parents of Autistic Children : A Comparison Across Two Teaching Techniques	PRT の親訓練で、個別試行訓練の場合よりも著しいプラスの効果が上がった。
R.L. Koegel, Bimbela, and Schreibman (1996)	Collateral Effects of Parent Traning on Family Interactions	個別試行訓練ではほとんど無効で、PRT を導入すると、母子関係に改善が見られた。
R.L. Koegel, Camarata, Koegel, Ben-Tall and Smith (1998)	Incresing Speech Intelligibility in Children with Autism	PRT の介入で発音の改善が顕著になり、表現力が向上した。
L.K. Koegel, Camarata, Valdez-Menchaca and Koegel (1998)	Setting Generalization of Question Asking by Children with Autism	自発的に学習するようになり、「これ何?」の質問や、般化がよくなった。
Byson et al. (2007)	Large Scale Dissemination and Community Implementation of Pivotal Response Treatment : Program Descrption and Preliminary Data	全面的に PRT 操作に加わった人たちは、社会性訓練を忠実に実行し、子どもたちの言語能力が大幅に向上した。
Nefdt, Koegel, Singer, and Gerber (2010)	The Use of a Self-Directed Learning Program to Provide Intoductory Trainig in Pivotal Response Treatment to Parents of Children with Autism	PRT の自己管理学習のプログラム (DVD の学習教材) に参加した親たちの大半の子どもたちが良い母子関係になった。

(続く)

表．PRTの有効性を示す論文（続き）

研究者	論文タイトル	内容概略
直接的交流をもたない他施設での追試		
Laski, Charlop-Christy, and Schreibman (1988)	Training Parents to Use the Natural Language Paradigm to Increase Their Autistic Children's Speech	家庭と病院でPRTの親訓練後、親の要請で、語彙の増加のための追加介入で反応性の向上を示した。
Pierce and Schreibman (1995)	Increasing Complex Play in Children with Autism via Peer-Implemented Pivotal Response Training	子ども同士の交流後、遊びと会話が増加し、自発性が向上した。
Thorp, Stahmer, and Schreibman (1995)	Effect of Sociodramatic Play Training on Children with Autism	子どもたちはPRTの後、遊びが活発になり、般化が広がった。
Stahmer (1995)	Teaching Symbolic Play to Children with Autism Using Pivotal Response Training	仲間同志のPRTの実施で積極的社会性が向上し、別の仲間にも般化した。
Pierec and Schreibman (1997)	Mutiple Peer Use of Pivotal Response Training Social Behaviors of Classmates with Autism: Results from Trained and Untrained Peers	PRTに効果を示す子どもたちは、言語、遊び、社会性に向上を示した。
Sherer and Schreibman (2005)	Individual Behavioral Profiles and Predictors of Treatment Effectiveness for Children with Autism	PRTに効果を示す子どもたちは言語、遊び、社会性に向上を示した。

Baker-Ericzén, Stahmer, and Burns (2007)	Child Demographics Associated with Outcomes in a Community-Based Pivotal Response Training Program	12週間のPRT親訓練を受けると、子ども全員が顕著な適応性の向上を示し、性、年齢、民族、人種、経済レベルに差がなかった。
Vismara and Lyons (2007)	Using Perseverative Interests to Elicit Joint Attention Behavior in Young Children with Autism: Theoretical and Clinical Implications for Understanding Motivation	PRTモデルで介入すると、共同注視が改善される。
Gillett and LeBlanc (2007)	Parent-Implemented Natural Language Paradigm to increase Language and Play in Children with Autism	子どもの自発的発声に親が応答すると発話が多くなる。
Harper, Symon, and Frea (2008)	Recess Is Time-In: Using Peers to Improve Social Skill of Children with Autism	仲間と一緒のPRTの実行で自発的発話や相互交流が活発になる。

にお金を出したくはありません。
4. 適切な測定がなされていないアプローチは深刻な事態を招いてしまいます。子どもの貴重な時間を浪費してしまうことにくわえて、テストをしていない手順はしばしば危険であり、それを使うことは、自閉症症状よりも大きな問題が生まれてしまう。例えば、牛乳やチーズに含まれるリンタンパク質の一種であるカゼインの除去の食事などがあります。自閉症児を持つ多くの親たちは、一時期カゼイン除去の食事を子どもに食べさせていました。自閉症の子どもたちに有効であると言われていたからです。しかし数年後には、低い骨密度となってしまうということがわかるのみで、その研究は自閉症の症状の助けには全くならないことがわかったのです。要するに、エビデンスは本質的で、価値があり、利用できるものである介入であることが肝心なのです。われわれはインチキ療法に気を付けなくてはならないのです。

　本書では、科学的根拠に基づく具体的な介入手続きを明らかにします。それは日常生活の中での実施で、難しいものではなく、楽しく、自閉症の改善がめざましく、家族全員にも得るところが多いものです。PRT は、25年にもわたり、何百何千の家族に有効だったのです。いくつかの発達の要に焦点を当て、PRT は自閉症の診断名を持つ子どもたちの人生を激変させてきました。以下の各章で、ピボタル領域を明らかにし、有効な介入法の詳細を示し、すばらしい成果をご覧いただきたく思っています。

目　次

訳者まえがき iii
著者紹介 vii
読者へ ix
原著まえがき xi
謝　辞 xiii
序　文 xv

I. PRT の P とは？

第1章　ピボタル領域とは 3
　ABA と PRT の背景 10
　　モチベーション 14
　　積極的社会性と自発的質問 18
　　ピボタルスキルの効果と根拠について 20
　　日々の生活事態でPRTを機能させよう：始めるにあたって 23
　　@。みなさんはこれらのことができていますか？ 26

第2章　モチベーションをどのように指導するのか ... 27
　学習性無力感 28
　モチベーションのエビデンス 30
　　ポイント①自分で選択 32
　　ポイント②日常生活内の強化子 35
　　ポイント③試みる行動を強化する 38
　　ポイント④維持課題と獲得課題の混ぜ合わせ 40
　　ポイント⑤課題の多様性 42
　　5つのモチベーションをパッケージにする 43
　日々の生活事態で介入を有効にする 46
　@。みなさんはこれらのことができていますか？ 48

第3章　問題行動への対処法 49
　定型発達と問題行動 51

問題行動の背景 …………………………………… 53
　　　⓺.みなさんはこれらのことができていますか？ 55

第4章 **積極的自発性を出させる方法** ………… 57
　　積極的自発性の重要性を示すエビデンス …… 69
　　日常生活内での成長 ………………………………… 76
　　　「質問行動」への支援 ………………………… 76
　　　年長児童、青年、成人の会話の発達 ………… 78
　　　⓺.みなさんはこれらのことができていますか？ 81

II．いつ、どのように、介入すればいいのか

第5章 **家族関係の改善方法** ………………………… 85
　　今までの親教育の歴史 ……………………………… 89
　　日常生活でのPRTの実行 ………………………… 95
　　⓺.みなさんはこれらのことができていますか？ 99

第6章 **親のストレスを軽減するためには** … 101
　　養育ストレスに関する研究 ……………………… 104
　　日々の生活の中で指導する ……………………… 107
　　⓺.みなさんはこれらのことができていますか？ 111

第7章 **日常生活での介入とアセスメント** … 113
　　Ⅰ．生活内での介入 …………………………………… 113
　　　エビデンスのための調査 ……………………… 115
　　　「生活環境」と「特殊な環境・閉鎖環境」の違い 115
　　　アセスメントのための日常場面 …………… 120
　　　日常生活内での指導 …………………………… 121
　　　日常生活で機能させる ………………………… 124
　　　⓺.みなさんはこれらのことができていますか？ 128
　　Ⅱ．生活内でのアセスメント …………………… 129
　　　テストと学校のカリキュラム ……………… 129
　　　日常生活を有効利用する ……………………… 132
　　　⓺.みなさんはこれらのことができていますか？ 136

第 8 章　データを収集することとは................. 139
　データ収集は難しいものでなく、時には楽しいものである... 140
　　Step 1：最終目標を慎重に定義し設定する 142
　　Step 2：標的目標の測定 145
　　Step 3：ベースラインの測定 152
　　Step 4：介入中のデータ収集 154
　　Step 5：般化と維持のデータ収集 154
　　Step 6：介入の測定と実行の忠実性 155
　　@。みなさんはこれらのことができていますか？ 157

参考文献.. 158
訳者あとがき.. 177

I

PRTのPとは？

What Is the P in PRT?

第1章

ピボタル領域とは

　Nathanは3歳直前に自閉症の診断を受けた4歳の男の子です。診断を受けて4カ月後、ようやくABA（Applied Behavior Analysis，応用行動分析）の療育機関で指導を受けることになりました。ABAのセラピストはまず、食事の時ですら20秒以上座ることができないNathanに、椅子に座ることを指導しました。最初Nathanはセラピストの訪問のたびに泣き叫び、家の側道から車の音が聞こえるだけで泣きだし、セラピストが到着すると家中を半狂乱で走り回り、疲れ果てるまで泣きじゃくっていました。4カ月の指導でNathanは泣き叫ばなくなり、座ることも学習しましたが、まだ明らかにイヤそうな表情のままです。その目の前で、セラピストは「こうしてみて」と動作模倣の指導を始めました。彼はこの指導でセラピストの動作の真似をするようになり、そのうちことばの指示だけで動いてくれるようになりました。このように1年ほどでNathanはゆっくりですが明らかな成長が見られました。彼は30分ごとに短い休憩を挟んで1日に6時間も座ることができ、また真似をすることで30以上の単語を言うようになったのです。両親はABAのセラピストを信頼し、Nathanがパニックを起こさなくなったことを喜びました。ところが進歩がゆっくりであることと、指導中はまだ明らかに不快な顔のままです。両親は自分の息子にもっと何かできることはないかと、カリフォルニア大学サンタバーバラ校の「ケーゲル自閉症センター」に電話をかけたのでした。

自閉症は、コミュニケーション、社会性、興味・関心などに重篤な欠陥があり、濃厚な介入が必要です。相手にうまく伝わらないので欲求不満になって、攻撃行動や自傷行為などを示すようになり、同年齢の仲間の観察が乏しくなり、模倣行動もしなくなります。こうした症状は一人一人異なるので、その子には何が難しいのかを注意深く観察することが重要です。またできる限り早期の介入が求められます。次に示す「ベースラインと介入効果の測定」（図1‐1）は、介入に先立って測定するものです。症状改善の基礎となるデータの一覧です。

　自閉症の子どもたちはついこの間まで、「教育は不可能である」と考えられていました。成人するまでに大多数が施設に収容されていったのです。1960年代にようやく自閉症児の支援を考え始めましたが、それ以前は誰も自閉症に対して科学的介入をしようとしませんでした。ようやく行われた当初の指導は結果重視で、子どもたちは不快を強いられ、時に苦痛を伴ったひどいものでした。

　そんな指導でしたが、子どもたちが適応行動を示すと、ご褒美、報酬（通常、食べものが少々）がもらえます。この指導で子どもたちは確かに良くなりましたが、あまりにも改善が遅く、決して楽しいものではありません。実際多くの子どもたちは、逃げ出したり、泣き叫んだり、蹴飛ばしたり、噛みついたり、セッションどころでないことが多かったのです。セラピストにも子どもにも大変な忍耐が必要でした。不適応行動の修正、除去がどんどんエスカレートし、そのためのカリキュラムはどんどん増えていって巨大になってしまったのです。

　自閉症スペクトラムを少しでも知っている人なら、どうしてこんなことになってしまうのか想像できるはずです。自閉症の子どもたちにはコミュニケーションの獲得が難しく、それと密接に関係する社会性の発達も当然難しくなる。定型発達の子どもたちはどんな些細なことであっても、こちらにやってきて注意を引いていろいろと要求する行動がありますが、自閉症の子どもたちにはこの行動がほ

とんどないのです。ひとり遊びが好きで、高い棚の上のものを取りたい時ですらも助けを求めず、自分ひとりで登って取ろうという危ない真似をしたりします。早期介入ができたとしても自閉症の子どもたちは、社会性に乏しく動機づけが貧弱で学習させるのが困難です。当時の研究者たちはなんとか注意力を高めて成果を上げることを考えました。それは極端なほどに構造化した環境を設定し、きわめて不自然な関わりによる指導法でした。

1960年代に生まれた指導法は、構造化した1対1の個別指導でした。この方法は改善がゆっくりしたものでしたが、以前の科学的根拠のないものよりは効果的でした。この指導法は気が散るものが一切ない環境の中で指導が行われます。まずは子どもの注意を集中させることを重視し、セラピストの前の椅子に子どもを座らせます。そして「こっちを見て」と言い、子どもが見たらすぐに「はい、よくできました！」と褒め、マーブルチョコやポテトチップ、ピーナッツなどのご褒美を子どもに与えます。子どもが座ってこちらを見て注意を払うことができると指導は本格的になります。セラピストはいつでもすぐにご褒美を与えることができるように準備しておきます。介入手順としては、例えばセラピストが子どもに両手をバンザイして見せて「これをしてみて！」と言い、子どもが模倣したらご褒美をあげて頭をなでて褒めてあげます。もし彼が反応をしないなら、子どもの後ろに座っている別のセラピストが彼の手を取ってバンザイさせます（身体的プロンプト）。模倣ができるようになってきたら、セラピストは段階的に誘導を省略していきます（フェードアウト）。はっきりと模倣ができるようになったら、別の行動を模倣できるまで同じように繰り返していきます。

子どもがいろいろな身体動作を模倣できるようになったら、セラピストは"mmmm"の音声を子どもに模倣させてコミュニケーションの指導を始めます。動作模倣と同じように、真似ができたらセラピストは褒めてご褒美を与え、もし反応をしなかったら、彼の両唇に指をあてて発声を促します。セラピストが何度も繰り返

ベースラインと介入効果の測定

症状	チェックレベル	行動定義	行動測定	いつ／どこでその行動が現れたか／終わったか
1. コミュニケーション				
無言語 喃語 大きな声				
単語				
複合音 2語文 3語文以上 会話				
2. 社会化				
ひとり遊び				
おもちゃで繰り返し遊ぶ				
おもちゃで適応的に遊ぶ				

ピボタル領域とは　第1章

友だちと遊ぶ				
ごっこ遊び				
3. 興味				
限定された興味				
こだわり				
反復行動				
対象なし				
対象あり				
4. 問題行動				
泣く				
かんしゃく				
自傷				
攻撃				
破壊				

The PRT Pocket Guide: Pivotal Response Treatment for Autism Spectrum Disorders
by Robert L. Koegel and Lynn Kern Koegel
Copyright © 2012 by Paul H. Brookes Publishing Co., Inc. All rights reserved.

図1-1. ベースラインと介入効果の測定.

7

して子どもが確実に繰り返すようになれば、今度は"ahhh"と別の発声を付け加えます。子どもが"mmmm"と"ahhh"の違いを区別するまで、交互にそれらの音を繰り返し模倣させます。次に"mmmm"のすぐ後に"ahhh"と子どもに言わせ、"ma"となるまで2音を近づけ、最終的に"mama"の音を出すように促します。その結果、はじめて「ママ」という単語が出るようになるのです。しかし子どもがはじめてことばを喋ったにもかかわらず、悲しいことにその子は「ママ」が何を意味するのかを全く理解していないのです。

　前述のように、課題をひとつひとつ教えるのは時間がかかりとても辛いものでした。初期の頃の指導法では、子どもたちの進歩は非常に遅かったのです。しかしそれ以前には、この子どもたちは教育や学習が不可能であると考えられていたのです。今まであきらめていたことができるようになったのは大きかったものの、この初期の指導法は苦痛に満ちていて、とても遅く、負担もかかる大変なもので、われわれはこの指導法に何かしらの違和感を覚えていました。

　ある日のことです。なぜ自閉症児たちは教えるということにそんなに手間がかかるのか、また逆に定型発達児はどうしていちいち教えなくても適応行動がスムーズに獲得できるのか、ということについて、われわれはしっかりと話し合いました。その時、R.L. Koegel博士は、自閉症児は学習モチベーションが乏しいことが問題だという発言をしたのです。これがその後の長期にわたる研究のスタートとなりました。

　図1-2は「構造化した個別試行訓練の開始」から現在の「Pivotal Response Treatment（PRT）」に至るまでの研究の歩みを示しています。どうしたら自閉症の子どもたちの学習のモチベーションを高められるのだろうか、という疑問に私たちは挑戦したのです。このとき、実際われわれは「モチベーション」がどんなものなのか、もはっきりとは理解していませんでした。

　われわれはいろいろ勉強して、モチベーションの正体を理解し、

1960's
構造化した個別試行訓練の開始
(Hewett, 1965; Lovaas, Berberich, Perloff, & Schaeffer, 1966; Sloane & MacAulay, 1968; Wolf, Risley, & Mees, 1964)

1973
ピボタル行動の開発前
(Lovaas, Koegel, Simmons, & Long, 1973)

1979
重要要因としてのモチベーションに注目
(R.L. Koegel & Egel, 1979)

1980's
PRT の個別要因の追求
(Dunlap, 1984; Dunlap & Koegel, 1980; R.L. Koegel, Dyer, & Bell, 1987; R.L. Koegel, & Koegel, 2006; R.L. Koegel, Koegel & Surratt, 1992; R.L. Koegel, O'Dell, & Dunlap, 1988; R.L. Koegel, O'Dell, & Koegel, 1987; R.L. Koegel & Williams, 1980; Williams, Koegel, & Egel, 1981)

1985
重要要因としてのモチベーションに関するより深い論議
(R.L. Koegel & Mentis, 1985)

1987
PRT（生活場面での言語パラダイム）の開始
(R.L. Koegel, O'Dell, & Koegel, 1987)

1988
介入に有効なピボタル領域に関する最初の論議
(R.L. Koegel & Koegel, 1988)

図 1-2．PRT の開発過程．

どうすれば子どもたちが自ら進んで話そうとするのかを理解し始めました。そしてNathanの両親と同じ考えに行きついたのです。その考えとは、ことばを獲得したとしても子どもが楽しくなければ、そこには何かしらの大きな欠陥があるということでした。

　時間とともに、少しずつ答えがわかり始めました。私たちはあらゆる角度から検討しました。どんなふうに指示をすればいいのだろう？　教材はどうすればいいのだろう？　ご褒美はどうしたらいいのだろう？　研究を続けているうちに、学習効率をアップさせるにはひとつひとつ教えなくていいということ、そしてセラピストがNathanにやっていたように何時間も机に座らせていなくてもいいことがわかってきました。ひとつを教えると、他のあらゆる行動にプラスに貢献する「ピボタル（pivotal）」領域があることがわかったのです。われわれの研究をそのピボタルを明らかにするという方向に切り替えました。子どもたちがより速い発達を遂げ、症状を克服するためには、ピボタルを追い求めることが必須だったのです。ひとつひとつの行動にいちいち働きかけなければ行動改善は不可能なのでしょうか？　学習にそんなに長い時間が必要なのでしょうか？　そうではないはずです。学習をさせるのにもっといい方法があるはずなのです。私たちは急がなくてはなりませんでした。なぜなら科学研究の成果を「現実の世界」に持ち込むには一朝一夕にはいかないからです。発明や発見が私たちの生活の中に持ち込まれるには非常に長い時間を必要とし、それにはだいたい20年はかかるといわれています。Nathanの親を含む自閉症児を我が子に持つ親たちは、一日も早く最新の研究、最新の指導法を求めていることを、私たちは忘れてはいけないのです。

ABAとPRTの背景

　今では信じられないことですが、1960年代以前は自閉症の治療の多くは親が原因だと考えられていました。そのため治療は悲惨なも

のとなりました。自閉症の子どもを持つ親はその子どもたちを施設に入れ、自分もセラピーを受けることが必要だと言われていました。子どもを手元に置いておきたいと思っていても、最終的には思春期、成人前期には施設に入れざるを得ませんでした。適切な介入が存在せず、子どもの問題行動が親のコントロールを越えてしまうからです。現在では幸いなことに、種々の介入手段があり、問題行動を緩和させ、コミュニケーションを改善し、社会性の発達を促し、興味・関心を広げることができます。しかしその介入の多くは、ひとつひとつの細かい標的行動に対処するものです。確かにそのやり方は間違っていません。行動への働きかけが正しければ子どもたちの問題は解決しますが、それではとにかく時間がかかりすぎてしまいます。時間だけでなく費用も莫大です。たとえ費用が何とかなったとしても改善が遅いことを喜ぶ人はいません。改善を早く促すための方法としてわれわれは、ひとつひとつの行動という小さい範囲での介入ではなく、もっと広い「領域」に介入できると考えました。その領域に介入すれば素早く効果があり、しっかりと改善する。その介入の主軸となる領域、すなわち「ピボタル領域」があると考えてわれわれは探し続けました。ピボタル領域とは、直接介入を行った行動が改善すると、直接介入をした行動だけでなく、広範囲の行動にその成果が及び、獲得しにくい行動や問題行動の改善に波及する領域のことです。実際、介入が必要な行動は山ほどあります。自閉症の症状行動すべてを取り去ろうとすれば、大変な時間が必要になります。そんな中、もしピボタル行動が明確になれば、水が四方に広がるように成果を広範囲に波及させることができるはずです。

　この目標は、Robert L. Koegel 博士の恩師である Ivar O. Lovaas 博士（e.g., Lovaas, Berberich, Perloff, & Schaeffer, 1966; Lovaas, Schaeffer, & Simmons, 1965）が、早くから取り組んでいました。「模倣」と「社会行動」に注目して、この2つが改善できれば、自閉症の子どもたちに定型発達の子どもたちと同じ発達メカニズムが働いてくれると考えました。ひとたび子どもたちが社会的にな

り人の模倣をするようになれば、彼らは生活の至るところでスピーディに改善を示すと考えたのです。問題は指導の方法です。模倣を自閉症の子どもに教えることは難しく、また、完全に教えることができたとしても、日常生活の中で人の模倣をしたりすることはなく、自分から人への興味・関心を広く持とうとはしません。最終的にLovaasは、ある程度は子どもたちに模倣を学習させることができ、今まで以上に社会的にさせる打開点を見つけることはできましたが、学習されていない領域まで模倣や社会性を拡大させ、模倣や社会性を日常生活までに広げることまではできませんでした（Lovaas et al., 1965; Lovaas et al., 1966）。その時私たちは、模倣や社会行動は自閉症のピボタル領域になることはないと感じていました。Lovaasと彼の下にいた私たちのチームはピボタル領域を突き止めようと多くの年月にわたり研究を続けてきましたが、成功することはありませんでした。結果として、1970年代にいたって、われわれ（Lovaas, Koegel, Simmons, & Long, 1973）はピボタル行動を突き止めることは「不可能」と判断したのです。

　ピボタル領域を突き止められなかったわれわれは、標的行動の指導をひとつずつ大量に繰り返して発達促進をはかるやり方を続けました。しかしこれは、とにかく時間と労力がかかりました。ひとつひとつの標的行動に何時間も何週間もかかります。現在、集中試行訓練法（intensive discrete trial model）と呼ばれているものが主として使われました。この指導法では、セラピストは行動の手がかりとなるものを提示して反応が出てくるのを待ち、結果を強化し随伴させていきます。いわゆる、A―B―C（先行事象―行動―結果事象）と呼ばれている手続きです。この介入は自閉症症状全般の改善に有効です（Lovaas, 1987）。ところがこの指導は介入者も子どもたちも疲れ切ってしまうのです。子どもたちは課題の負担に耐えきれず問題行動を引き起こしてしまいます。そしてどんどん問題行動が蓄積され、その多くの問題行動を止めるために指導者は罰の使用を繰り返し、悪循環に陥ってしまいます。セラピストは介入して

子どもに要求します。その要求が不快なものになってしまうと→子どもは暴れ出します→すると子どもは罰を受けることになります。このようになって子どもが扱いにくくなると、まだコントロールの効く小さい頃からの早期療育が強調されるようになりました。ところがこのアプローチのままだと、ただただ罰への依存度が高まるだけになってしまい、結果的に子どもも家族もストレスに曝されることになってしまうのです。

　そのような流れの中で、UCSB（University of California Santa Barbara）のわれわれのグループは、1970年代後半から1980年代にかけてピボタル領域についての研究を再開し、そこで大発見をしたのです。個別の標的行動に注目した初期の試行訓練法に比べてずっと楽で、しかも広範囲の改善が可能なカギが見つかりました。これは療育において、大きな違いになりました。子どもたちはスムーズに学習するようになり、両親たちも介入が楽になり、またわれわれと同様のやり方をする専門の臨床家も増えていきました。現在、PRT（Pivotal Response Treatment）と呼ばれているものが導入されると、すべてが一変したのです。膨大な量の研究を行い、また自分たちの関連施設だけでなく、部外の施設、その他の多くの施設で研究を行い、自閉症児にピボタル領域が最重要であることが示されました。その研究の中では、少なくても３つの側面において、ピボタルが有効であることが明らかになっています。

　まず第１に、教科の学習、遊び、社会性、言語獲得、コミュニケーション、約束、初語、宿題、算数、音読、その他多数の行動で大幅な改善が見られ、ピボタル反応がいかに重要かを示しています。第２に、ピボタル領域はひとつではありません。「モチベーション」と「行動の自発性」との２つが改善の般化と持続性に貢献します。第３に、PRTを広範囲に使った結果を見ると、学校、家庭、地域への参加など、さまざまな活動への参加に効果が見られました。端的に言えば、PRTは自閉症児とその家族にとって旧来の介入に比べてはるかに効果的で有効であることが多くの研究で証明され

ピボタル領域の改善が多くの他領域を改善する	
教科の学習	約束
遊び	初語
社会性	宿題
言語	算数
コミュニケーション	音読

図1-3．PRTによって影響を受ける領域．

ています。さまざまな行動に適用でき、どんどん波及していく「般化の効果」が大きいのです。これら3つが明らかになっているため、われわれはピボタル領域の研究に懸命になっているのです。

モチベーション

　ピボタル領域の存在にはじめて気づいたのはモチベーションの研究からでした。正しいとされる反応が一貫して続く状態と、誤っているとされる反応が多い状態とを比較する研究をしているとわかったことなのですが（R.L. Koegel & Egal, 1979; R.L. Koegel & Mentis, 1985）、どうやらモチベーションにはピボタル領域が存在するようなのです。すなわち、正しいとされる反応が連続すると、子どもたちは学習を続けようとするモチベーションが高まることに気づいたのです。このモチベーションが高まるやり方をPRTと名付けました。このPRTの発見により、われわれの研究は拍車がかかり、1987年に最初の論文が公刊されました（R.L. Koegel, O'Dell, & Koegel, 1987）。介入手続きの中にモチベーション変数（課題を子どもに選択させたり、強化子を使ったり）を入れ込むと、個別試行訓練の成績が劇的に改善されたのです。われわれは個別試行訓練法が悪いということを言おうとしているわけではありません。今でも、個別試行訓練を使いつつ、その都度モチベーション操作をくわえて、

この子は「早い」「遅い」「高い」「低い」という概念を
ボール遊びに随伴する強化子によって学習しました。

大きな成果を上げています。しかし、モチベーションの操作なしでの個別試行法だけでは多くの問題が発生します。子どもたちの大半は、個別試行法のみで長期にわたり対話の指導をしても成果が上がらないことに、われわれは気づいたのです。

　われわれの当初の研究は、従来のやり方では効果がなかった無言語の子どもたちに、はじめてのことばが出るようにすることでした。従来の個別試行訓練では、約半数は実生活で有効に機能することばを学んでくれません。実生活で有効に機能することばの指導は特に困難で、たったひとつの単語の指導に1万試行の繰り返しが必要と言われている、言語コミュニケーションに取り組んでいました（cf. Lovaas, 1977）。個別試行訓練で一部の子どもたちは確かに言語獲得を示したのですが、数千単語を日常生活の中で獲得するのは大変に時間がかかるものでした。厄介なのは、ことばの形成手続きが決して容易ではなく、レベルの高いセラピストでなければならないことです（Lovaas, 1977; Lovaas et al., 1973参照）。だからこの指導法でいい結果を出せる人はほんのわずかで、いささかの改善に大変な時間を費やす指導法を誰も価値あるものとは認めませんでした（R.L. Koegel & Traphagen, 1982参照）。介入効率をもっとアップさ

> 日常生活の中で子どもの関心を尊重し、親の適切な関与があると、反応性や積極的な参加が増します。

せ、成功率をもっと高めるための介入法改善の努力を必要としたのです。

今では、その点が改善され、成功率が高くなり、想像以上の成果が上がるようになりました（R.L. Koegel & et al., 1987）。われわれの関わった子どもたちの多くは無言語だったのですが、4年から6年ほどの間に言語学習が始まり、大量の単語を獲得し、しかもきわめてスムーズに喋り始めたのです。モチベーションを考えなかった伝統的な個別試行法に比べて、モチベーションの要素を取り入れたほうが、劇的に成果が上がりました。子どもたちは早々に会話ができるようになり、中には介入初日に2語文以上の学習をする子もいたのです。子どもたちは、言語コミュニケーションがよくなっただけでなく、自発的に発語をしたり、まったくはじめての場所で新たに獲得した表現をするようになり、行動の拡大（般化）を示すようになりました。

ピボタル反応の一番の長所は、個別試行法の反応形成手続きよりも指導がずっと簡単なことです。モチベーションを導入すると介入がとても楽しいものになります。私たちは、はじめの頃そのアプローチを「生活場面言語パラダイム」と呼んでいました。簡単かつ自然に言語を獲得するアプローチだったからです。ところがこの介入は話すことだけでなく多くの領域にはっきりとした効果が波及することがわかり、現在では、多くの領域に影響を及ぼすアプローチということで「ピボダル行動支援法、PRT（Pivotal Response Treatment）」と名前を変更したのです。この改善と同じくらい重要だったのは、別の研究の新たな事実でした（e.g., R.L. Koegel, Koegel, & Surratt, 1992）。モチベーションを組み入れると全般的に子どもたちは問題行動を減少させたりなくなったりすることがわかったのです。しかもケースによっては問題行動をターゲットに絞らなくとも、問題行動は減少し、なくなっていきました。私たちは、セッション中に、金切り声を上げたり、泣いたり、柱にしがみついたりし

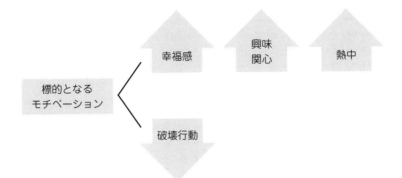

図1-4.モチベーションに関連する変化過程.

ても薬を使ったりはしません。子どもたちもセラピストが車でやって来るのを見ても隠れたりはしません。子どもたちはこのセッションが大好きになるのです。ここでは子どもたちが信じられないくらい速く話すことを学習します。逃避や回避行動がほとんどなく、セッションを楽しむことが大事なのです。これらに続いての研究では（e.g., R.L. Koegel, Bimbela, & Schreibman, 1996; Schreibman, Kaneko, & Koegel, 1991; Vismara & Lyons, 2007）、子どもたちの幸福感、熱意、興味・関心の向上が明らかになり、子どもの行動が改善しただけでなく、親が子どもたちの成長を実感し始めると、それが親のモチベーションにもつながります。親が機嫌よく子どもたちに接すると、子どもたちも親と接することそのものにモチベーションを持つようになり、より効率よく行動を獲得する大きな要因となります。悪循環から好循環へと変わっていくのです。子どもも自分の親が幸せであればあるほどより熱中でき、興味・関心を持つようになります。子どもも親も笑顔がよく出るようになり、それに比例して学習効率も高まっていくのです。

　この好循環が重要なのはいろいろ理由があります。まず第1に、ちゃんと答えさせるのに罰は必要ないということです。人権擁護のために罰は使うべきではないなどと言いますが、それ以前に罰は

> モチベーションこそが問題の核心であり、自閉症理解の基本です。低年齢では重大問題ではないように見えても、モチベーションの欠落は、定型発達を大きく損ない、問題を深刻化させます。

結果的に嫌悪を与えることになり、悪循環の元になるので使いません。さらに好都合なのは、やっていることが楽しければ、もっと続けたくなることです。自閉症の症状改善には長期の介入がどうしても必要なのです。好循環になると介入が思い通りにできて、それが楽しいものであり、罰の必要がない、こんな都合の良いものはありません。第2に、日々の生活の中にこんな介入が織り込まれていると、ストレスなしの集中介入も実行できるようになります。子どもにとって介入が楽しいものであれば、自閉症児は学習事態以外でもちゃんと新規に学んだ行動が取れるようになります。問題行動なしで介入の実施が可能になり、生活のすべてが介入に費やすことができるので、経済的、情緒的にも効果が大きく上がります。

以上のように、モチベーションがピボタル領域中の最重要領域であることが明らかなのです。しかし、同時に、模倣と社会性も欠かせないピボタル領域なのです。次にそれを取り上げることにします。

積極的社会性と自発的質問

子ども同士のやりとりができるようになると、そのやりとりは発達にこの上なく大きな貢献をし、好循環が働くようになります。例えば、典型的な言語発達の初期段階では「これ何？」という単純な質問があります。定型発達児の初期段階の語彙の中に必ず「何？」という質問が含まれます。子どもが何かを指さして、「何？」と言うと、たいがい、大人は対象物の名称を言います。子どもが「何？」と繰り返し尋ねることで、語彙が爆発的に増加するのです。WetherbyとPrutting（1984）は典型的な自閉症児は質問することがないことを示しています。子どもであればいつだって「あれ

何？」と質問するはずなのに、自閉症児は質問しません。そこでわれわれは、質問のやり方をどう教えるかと研究を始めました。L.K. Koegel、Camarata、Valdez-Menchaca、Koegel（1998）は、自閉症児たちに質問の仕方を教えると、簡単に「これは何？」と言うことができるようになりました。子どもたちは質問を学ぶと、教えていないことばまで、語彙が劇的に増加しました。子どもたちは質問をするようになると、日常生活の中で人との相互交流からいろいろ学ぶことになります。これは定型発達児たちと同じで、ひとつひとつの単語を教えるよりもはるかに簡単です。自分から質問するので、子どもは適応行動の誘導や促進を必要とせず、社会的交流から自力で学習の機会を作っていきます。これは明らかにピボタル行動であり、介入なしで広範囲の行動の獲得をしていきます。動詞に関しての質問でも同様の好成績を得ています（L.K. Koegel, Carter, & Koegel, 2003）。自閉症児たちは、行為の遂行中、行為の遂行後の「何しているの？」「何したの？」という質問の区別を簡単に学ぶことができました。動詞の語尾変化に関して特別な指導なしで文法的にも正しく話せるようになったのです。質問をするというピボタル行動は広範囲の発達成果を生み出します。

　こうした結果から、われわれは質問が文章あるいは発音の標的行動になり得ると考えるようになりました。私たちは自閉症の子どもが「どこ？」と質問を学習することが簡単にできることがわかりました。例えば、「熊のグミキャンディ（Gummi Bear）はどこ？」に対して、子どもはすぐに「前置詞」を獲得したのです（例えば「熊のグミキャンディはカップの『下』よ」）（L.K. Koegel, Koegel, Green-Hopkins, & Barnes, 2010）。またその学習は、前置詞それ自体を直接教えることはしていません。質問をするようになるのは、多くの他の行動の獲得にとって大きな軸となる行動、すなわちピボタルとなるのです。

　そしてそれだけではありません。質問というのは、自分のほうから話しかける自発的、社会的行動であり、自分の世界に入って

> 子どもたちは、身辺の出来事の発見を重ね、知っていくと、ますます学習が進み、行動の成長が顕著になります。ひとつひとつについて発見を重ね、学んでいくと、どんどんいい状態になっていきます。

しまう自閉症症状とは正反対です。自分のほうから話しかけるので、人との交流が出来上がり、いろいろな面で大きな成長があるはずです。私たちはそれを証明しています（L.K. Koegel, Koegel, Shoshan, & McNerney, 1999）。すなわちPRTを大幅に適用すれば、自分から行動を起こし（質問するなど）、長期の介入が楽しいものなので、ケースによっては定型発達児と区別できないまでになっていきます。「質問する」という、たったひとつの行動で子どもの生活全体に大きな違いが出来上がります。私たちの研究で、幼稚園児の段階で自発性の指導を行った子どもたちと受けなかった子どもたちと、時間をおいて思春期あるいは成人前期での比較をすると、自発性の指導を行った子どもたちのほうがずっと状態が良好であることを確かめました。続く次の研究で、自発性の介入を受けなかった子どもたちにいろいろな自発性の指導をすると、長期にわたってきわめて良好な結果が得られ、ケースによっては、定型発達児と区別できないまでになりました。この成果は成人まで持続したのです。

　以上のように、モチベーション、自発性、質問をすることが最重要ピボタル領域であることが明らかです。次のセクションは、なぜこんな違いが出るのか、の根拠を示そうと思います。

ピボタルスキルの効果と根拠について

　文献関係では、自閉症児の学習曲線の上昇にピボタルスキルの獲得が何よりも基本であると主張しています。厳密な一事例実験デザインから、統計学を使ったランダムサンプリングによる群間比較、臨床的再現性を検討する質的研究に至るまで、さまざまな実験デザインでピボタル領域が研究されています。これはきわめて重要なこ

とです。多数の専門用語が使われ、それぞれ特別な意味があり、専門家たちはいろいろな状況下で多数の子どもたちでPRTについてテストを繰り返してきました。効果があるかないかという研究がたくさんあることはとても重要です。なぜなら、子どものかけがえのない時間を無駄にしてはいけないからです。精度の高い実験が何にもまして必要なのです。

　PRTに関する実験は、私たちの研究所や付属病院、学校だけでなく、独立の研究所、病院、学校でも行われました。すべてのケースで、子どもがピボタル領域を獲得すると、顕著な改善を示しました。しかしながら、時々私たちの望むようには改善しない子どももいるのです。研究においては介入無効な子どもを「失敗事例（failures）」と呼んでいますが、しかしわれわれは、単に指導に応えてくれなかったという意味だけにして「反応してくれなかった子どもたち（nonresponders）」と呼んでいます。言い換えれば、反応してくれないのは子ども自身の問題ではなく、われわれ指導者側の問題なのです。PRTの効果が貧弱な子どもたちに関する研究では、そのほとんどが、指導法を少しばかり変更すれば指導が有効になってくれるのです。

　例えば、通常のPRTの介入では言語獲得に効果がない子どもたちに、モチベーション操作と一緒に、その状況とことばが関連しているような手がかりに注意を向けさせると、PRTを学習するようになります（R.L. Koegel, Shirotova, & Koegel, 2009a, 2009b）。ひとたび関連している手がかりに子どもたちの注意が向けば、やる気満々で単語や文法の獲得が進み、大半のケースで大きな改善が達成するのです。結果はきわめて劇的で、これは、介入に関与する変数をひとつひとつ明らかにする科学的研究がいかに重要かを物語っています。科学は日進月歩なのです。モチベーションは、子どもの注意を常に関連する手がかりに向けさせるという面白い性質を持っています。言い換えれば、発達を牽引している動力源はモチベーションなのです。注意力の発達にモチベーションの重要

性を強調しているのは Vismara と Lyons (2007) である。彼らは、モチベーションを高めると、自閉症児が介入なしで、「共同注意」(joint attention) を示すようになることを明らかにしています。すなわち、対話の相手と対象物を交互に見るようになるというのです。Bruinsma (2004) も同じ事実を確認しています。彼らは、共同注意を示さない子どもたちに PRT を実施し、ほぼ2カ月後に共同注意が自発的に出現したと言っています。さらに Bruinsma の研究と同様に Vismara と Lyons の研究では、共同注意は PRT 介入の約2カ月後に現れました(同じく直接教えることなしで)。対象となるものないし活動が、子どもの好きなものであれば、共同注意は即座に出現します。介入過程にはスピードが大切です。なので手数がかからないということは重要なことなのです。

　多くの自閉症児たちにとって2つの重要な問題があります。誰が PRT の指導をするのか、そして、どこで PRT を実施するのか、の2点です。これは言い換えると、世界中の何百万という子どもたちに貢献できるのだろうか、という問題にも発展します。この件については大規模実施例が2編ほど公表されています。ひとつは Baker-Ericzén、Stahmer、Burns (2007) のものです。彼らは地域の病院施設で PRT を数百人の子どもに実施して、結果、適応行動尺度で大幅な改善を示し、そこには性別、年齢、人種、民族に差はありませんでした。またもうひとつの研究は、Bryson ら (2007) と Smith ら (2010) の研究です。彼らは PRT をカナダのノバスコティア全州で実施、十分訓練を受けたセラピストを全州に派遣し、親たちや他領域のセラピストに対し「子どもへの PRT の指導の仕方を簡単に教える手続き」を取って、時間をかけて養成して、各地に派遣しました。この施策の最も注目すべき点は、遠方のため指導を受けられなかった一部の子どもたちが、標的行動に著しい改善を示したことです。この研究の注目点は、「簡単な PRT 指導を伝える」やり方で、多数の子どもたちに PRT の実施が可能になったのです。特に州の辺境に住んでいて、病院やクリニックセンターへ行

|||||||||||||||||||||||||||||||||||||||||||||||||||||||||||||||||||||||||||||||

迷信：子どもに欠落している行動をひとつひとつ教えていかなければならない。

真実：ピボタル領域に注目するほうが、発達がスムーズに進む。

真実：モチベーションがピボタル領域の最重要項目である。

真実：子どもに対する介入は、それぞれの興味・関心に合わせて個別化するほうが、成功率が高くなる。

迷信：難しい課題を自閉症児に強要するほうが、最終的にモチベーションが高くなる。

真実：あまり難しくない課題で強化するほうがモチベーションの改善にいい。

|||||||||||||||||||||||||||||||||||||||||||||||||||||||||||||||||||||||||||||||

けない子どもたちにとって、この上なく大切なやり方です。

以上を要約すると、ピボタル行動の改善はセラピーの要であり、実行が容易なものです。セラピストも親たちも、モチベーション、すなわち行動自発性というピボタル領域を実に容易に子どもに学習させることができます。そして、学んだものは自閉症児に幅広く長期にわたる大きな改善が出てくるのです。

日々の生活事態でPRTを機能させよう：始めるにあたって

前にも述べたとおり、新発見が日常生活にまで浸透するには10年から20年の歳月を必要とします。従って現行の介入は時代遅れなのです。多くの自閉症児たちは数10年も前の治療を受けていることになるのです。それでは、一定の効果はありますが、とても遅いのです。最新の介入法を使用すべきだと主張する第1の理由は、このスピードに問題があるからです。しかしながら最新の介入法は日進月歩であり、そのすべてを試みるのは時間的に不可能です。

PRTを始めようというなら、まずいくつかの重要なポイントがあります。PRT介入は日常生活内での実施が最も有効だというこ

とが確かめられています。

■ データを調べる

　使用される介入法が科学的証明に基づいているかどうかを確認し、それが学会誌に掲載され、一定の承認を受けているかどうかを確認しましょう。学会誌のレビューは、指名を受けた専門家が適正な手続きでの研究かどうかをチェックしているので、適切な判断材料になってくれます（訳者註：日本では、普通、市民図書館に学会誌は置いていません。大学図書館で閲覧するしかありませんが、市民図書館の司書を通すと閲覧が可能になります。大学は、私立も公立も市民からの税金の補助を受けていますが、学術論文となると読むのに苦労します。しかし、かなりのところまで、googleの検索を駆使すれば情報を得られるようになっています）。

■ ベテランセラピストを見つける

　エビデンス・ベーストの介入を受けようと決心したなら、専門家がその介入のベテランかどうかを確認する必要があります。PRTの資格所有者は、適切に介入しているかどうかの確認のために毎年更新を受けています。子どもへの対応を自分でビデオに録画して提出することになっています。従って、資格所有者は基本概念を理解しているだけでなく、基本に忠実に介入が実行できることを保証されています。

■ 標的行動を明確に定義し、ベースラインを測定する

　アカデミックな研究でなくても、教師であれ、両親であれ、対象児のデータ収集の必要があります。標的行動を明確に具体的に定義し「他者との良好な関係性の向上」などと曖昧な表現では定義とは言えないのです。お友だちと何分間一緒に遊んだ、とか、お友だちとのことばのやりとりが何回続いた、そのやりとりの質、どんな遊びだったか、もめ事をどんなふうに解決したか、などなどを正確に記録する必要があります。標的行動を正確に定義せず、ベースライ

ン測定をしていなければ、改善の程度がはっきりしません。どんなにすばらしい介入であっても子どもによっては無効な場合もあります。子どもの改善を確かめる測定は長期的に継続する必要があります。

■ 一貫性のあるアプローチ

折衷派を標榜する人にだまされてはいけません。彼らの主張の根拠は無知からきています。折衷する人たちは何が一番有効なのかの確かな知識が欠けているからなのです。研究によると、折衷派の成果はかなり貧弱だということが明らかにされています（Howard, Sparkman, Cohen, Green, & Stanislow, 2004）。一貫性があり、包括的な介入をしてくれる専門家かどうかを確かめる必要があるのです。

■ 最新のものを求める

皆さんは、最新情報を収集したり、専門誌の論文を読んだり、Koegel博士のホームページを見たり（www.education.ucsb.edu/autism）（www.koegelautism.com）あるいは、講演を聴きに行ったり、熱心に勉強していることと思います。規模の大きな研究センターでは、定期刊行物を出し、自分たちの研究成果を発表しています。みなさんは、最新の情報を知りたいと思っておられるでしょう。

■ 広範囲に考える

もし標的行動が、実際のところ子どもの生活に何の変化も引き起こさないなら、考えたくもない気分になるでしょう。専門家たちはこんな状況を「社会的有意性（social significance）がない」と呼んでいます。例えば、お店屋さんへの行き方、お店で品物の買い方を知っていることと、分数の足し算ができることとは直接的には関係のないことですし、友人や親戚にちゃんと手紙が書けることと、習字が立派にできることとも同じではありません。標的行動の指導をする時には必ず、「子どもの生活にどんな変化があるか？」を考え

るべです。例えば「いぬ」ということばを教えたとしても、それが野良犬と飼い犬とを区別できていなければ、「社会的有意性」に欠けていることになります。自己刺激行動への介入ならば、頻度が半分になったとしても（例えば、40％が20％になったとしても）、就職の面接場面などの社会場面でいきなり自己刺激を始めてしまうことがあれば、それは不適応となってしまい、単なる半減では十分とは言えません。標的行動の社会的有意性を忘れてはならないのです。

　最低限、子どもの学習はスムーズでなければならず、標的行動は他の標的行動にも広くプラスの波及がなければなりません。

> **Q. みなさんはこれらのことができていますか？**
>
> ☐ ☐ ☐ ☐ ☐ ☐ ☐
>
> **ご両親と先生に向けて**
> 1. 指導しようとしている標的行動は、別の行動にもプラスの変化をもたらしますか？
> 2. 指導しようとしている標的行動は、日常生活で意義のあるものですか？
> 3. 個別の行動ではなく、ピボタル領域に目を向けていますか？般化が不在でロボットのような行動ではなく、定型発達児に近い行動をしますか？

第2章
モチベーションをどのように指導するのか

　Travis は就学前に自閉症と診断を受けた10代の男の子です。休憩時間やお昼休みには、彼はだいたいいつも本を読むか、字を書いているか、算数をしているかです。休日も練習帳や算数ドリル、雑誌に落書きをしているかです。中断はほぼ不可能です。学校では普通学級と支援学級半々で過ごしてきました。現在は、半々が無理なので学校は普通学級の時間を少なくしたいと考えています。われわれのところに電話をかけてきて、Travis を観察してアドバイスがほしいと求めてきました。家族のほうは逆に、定型発達児と切り離したくないと訴えています。

　こうしたことはよくあることです。自閉症スペクトラム児は定型発達児のように、普通は勉強にあまり熱心ではありません。自閉症の子どもたちは破壊行動のほうに熱心で、教師たちは安易な課題を出して指導に関しても熱心ではありません。仮に静かに課題をしていても何も学んでいません。昔の指導者は、時間をかけて指導をし、課題をするとご褒美を提供し課題をせずに授業中に暴れると罰を与えました。このやり方は確かにモチベーションに関係しています。このやり方で、対話、算数、読字、書字を教えることはできますが、時間も手間もかかり、能率が悪いのです。いろいろ試してみましたがうまくいきません。仕事中のある時、Koegel 博士が冗談半分に「子どもたちが意欲満々なのは、セラピーの終了に対してだね」と言うと、全員思わず苦笑しましたが、同時にわれわれは考え

始めました。なるほど、子どもたちはセラピー時間を終わりにするユニークな方法をいろいろと見つけます。なんと賢い子どもたちでしょう。彼らは社会性に欠けた行動をしますが、社会的な抜け目のなさを持っています。大人の隙を捉えて報酬に使っているキャンディを奪い取ることができるのです。大人の隙を捉えるほど社会的に敏感なのです。例えば、めったにないことですが、ことばのない子どもが「バイバイ」と言ったりすることがあります。次々に標的行動が続く指導セッションが嫌いで、しかも外へ出してもらえないので「バイバイ」と言うのです。そんな子どもたちは話したりすることに報酬がないので、発語があったとしても意味が微妙に違ったりすると、その発語に対する報酬が報酬として機能しないので発語が成長しないままになってしまいます。こうしたことがきっかけとなり、われわれは学習性無力感という概念を考えるようになりました。

学習性無力感

　学習性無力感などという昔の研究をここに引き合いに出すのは不本意です。この話は決して気分の良いものではないからです。ところがこの話は行動に関してのひとつの洞察をわれわれに提供してくれます。かなり昔 Martin Seligman とそのグループは、学習性無力感と呼ぶ現象を明らかにしました（Seligman, Klein, & Miller, 1976; Seligman & Maier, 1967; Seligman, Maier, & Geer, 1968）。これは、まず電気ショックを与える電極を足の裏に貼り付け、被験動物のイヌをハンモックに吊します。電気ショックを与えると、イヌは必死に脱走をはかろうとします。しかしハンモックに吊されているのでショックから逃れられません。結局イヌは脱出をあきらめます。肝心なところは次に生じたことです。ハンモックから解放されたイヌはどうしたでしょう？　信じられないと思いますが、イヌはその場に立ちつくしショックを受け続けます。逃げ出せるのに、逃げ出さないのです。これがイヌの行動でした。イヌは電極からショ

ックを受け続け痛みにじっと耐えているのです。実験者が電極をはずし、イヌはハンモックから解放されていることを知っていても逃げようとしません。「イヌは、拘束されていると勘違いしているのだろうか？」。勘違いに気づかせるためにイヌを軽く突いてみました。それに気づくと自分で逃げ出しました。イヌは自分の反応（電気ショックからのジャンプ）が結果（ショックからの逃避）に関係すると気づけば逃避行動が復元するのです（訳者註：セリグマンの著書は翻訳書がある。『学習性無力感』二瓶社, 2000年）。

　動物と人間の間に厳密な並行関係がどの程度あるのかは知りませんが、類似の現象があることは確かです。行動に結果が伴わなければ、行動は続かなくなります。罰や報酬が続かなくても（随伴しなくても）同じことが起こります。裕福な家庭で育った子どもは、おそらく欲しいものは何でも手に入ります。ところがそんな子どもは行動に結果が伴わず（非随伴的に）欲しいものが手に入るので、怠惰で無気力な大人になってしまいます。子どもの学習が身辺の状況にいかに影響を受けるか、そしてプラスであれマイナスであれ、子どもの行動に結果が伴わないと（非随伴的だと）いろいろと問題が生じるのです。

　自閉症児にはこの無気力の形成過程が当てはまります。無気力だから言語交流が困難で、社会性が困難で、日常生活が困難なのです。親は何かと世話をしなければならず、子どもは何もしなくなり、「ぼ〜っとしたまま」になります。日常生活で動くのは大人だけになるのです。服を着るにしても動作が遅いので、誰かが着せてあげようとします。そうなると子どもはただ突っ立っているだけで何も話してくれません。沈黙のままで欲しいものが与えられれば、話そうとしなくなるのです。

　学習性無力感に代わって、子どもが自ら反応するようになること、すなわちモチベーションを高めるには次のようなやり方があります。子どもが頻繁に、迅速に、熱心に反応するようになる特別な方法があるのです。本章ではそのひとつひとつを概観し、それらを組み合

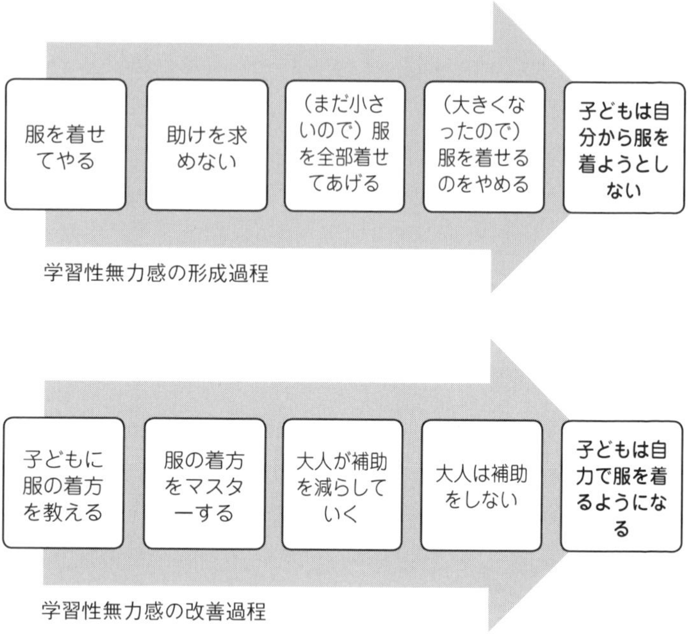

```
服を着せ  →  助けを求  →  （まだ小さ  →  （大きくな  →  子どもは自
てやる         めない      いので）服   ったので）    分から服を
                           を全部着せ    服を着せる    着ようとし
                           てあげる      のをやめる    ない
```

学習性無力感の形成過程

```
子どもに  →  服の着方  →  大人が補助  →  大人は補助  →  子どもは自
服の着方     をマスタ      を減らして     をしない        力で服を着
を教える     ーする        いく                           るようにな
                                                         る
```

学習性無力感の改善過程

図2-1

わせて使った場合の効果を見ることにします。

モチベーションのエビデンス

われわれはごく初期の研究で、モチベーションは、コミュニケーションに深く関係するものだと主張した。続く研究で、自閉症児が多くの領域を学んでいくにはモチベーションがきわめて重要であるとした。モチベーションのPRT形成の手続きは長年にわたり慎重に研究を重ねてきている。

1979年以降、われわれは（R.L. Koegel & Egel）自閉症児の「学習性無力感」について考察している。「学習性無力感」を提唱したSeligmanら（1967, 1968, 1976）の諸研究では、行動に後続する刺

激は、強化であれ罰であれ、行動に関連性がなければ、「試みる行動」がなくなる。自閉症児が学ぼうとしない原因はこの学習性無力感であろうと考えた。子どもたちは実際には能力があるのに、自分は何もできないと考えているように見え、"Motivation in Childhood Autism: Can They or Won't They?"（R.L. Koegel & Mentis, 1985）という論文でこの考えを検討した。子どもたちの学習性無力感が物事からの逃避、回避を引き起こす。うまくやれないという間違った思い込みのために、学習することを避けようとする。われわれは、社会的交流や学習事態からの回避、逃避が発達に必要なスキルの獲得を不能にしており、それが自閉症の主要症状を作っているのだとの仮説を立ててみた。ここではまさに悪循環に陥っているのではないだろうか？　この問題の解決のために次のように考えてみた。自閉症児たちが自分の行動がちゃんと自分の行動に関係していることを学ぶことができたら、自閉という深刻な症状に拮抗する形で、大幅な改善があるのではないだろうか？　すなわち、社会的コミュニケーションへのモチベーションを増大させる介入をはかり、学習のモチベーションの増大があれば、発達全体に大きく改善が生ずるはずである。問題解決のカギはモチベーションではないだろうか？

　学習性無力感の解消に焦点を置いた指導は大きな成功を収めた。重要なポイントは、何が強力なモチベーションに関係しているのか、という「変数」を見定めることである。どの変数が社会的交流を促し、どの変数が学業を促し、どの変数が発達全体を促すのかである。最近では、私たちは、複数あるPRTのモチベーションをまとめて「パッケージ」と呼んでいる。それは5つの戦略からなっている。①対象物を子どもが選択する、②生活事態での強化子の使用、③試みを強化する、④維持と獲得の混合、⑤課題の多様化、の5つである。これらの個々の変数に関するエビデンスを、ひとつひとつの概観の後に個別に説明することにする。このパッケージをいろいろ組み合わせると劇的な効果が生じる。

表2-1. 個別試行訓練とピボタル反応訓練との比較

	個別試行訓練	PRT
玩具・教材	指導者が選択する 基準に達するまで反復	子どもが選択する 数試行ごとに変える 維持と獲得を組み合わせる
相互関係	指導者が玩具・教材を保持	指導者と子どもが一緒に遊ぶ 相互交流しながらものを本来の使い方で使う
環境	構造化された事態で指導が行われる	日常生活の出来事を利用して指導する
反応	正反応だけを強化する	はっきり標的行動を意図した試みも強化する
強化子	任意の強化子（通常、食べもの）が正反応に随伴させる	日常生活での強化子を使用する

ポイント①自分で選択

子どもの好きなもの、子どもが選んだものを使う

　自閉症スペクトラム児は自分で選んだ課題のほうを熱心にやるようになると、多くの研究で示されています。誰でも、反応に関連する強化子をもらうほうがうれしいものです。例えば、1語文が言えるようになった子どもが欲しいおもちゃをちゃんとことばで要求し、おもちゃが与えられたら、一番うれしいはずです。それが理屈です。「そう、そう、それが欲しかったのよ」と言うはずです。ところが、自閉症児の指導者はそこでフラッシュカードを使うのです。何百枚もの出来合いのカードが売られていて、動詞の学習、発音の学習、一人称、二人称の学習に使っています。「これは？」と名前を言わせて、「どれですか？」とカードを選ばせています。たいがいの自閉症スペクトラム児はこの手の教材をしてくれません。代わってわれわれのやり方では、日常生活内にあるものを使います。楽しいおもちゃや楽しい活動で指導をするのです。いろいろな機会を

捉えて、適切なおもちゃで楽しく遊びます。親や別の大人が「このおもちゃを見て」などと言ったり、別のおもちゃのほうに注意を向けたり、時にはフラッシュカードに目を向けさせたりします。子どもの興味を優先させたり、大人側の指示を優先させたり、いろいろ変化をつけていきます。子どもと一緒に長時間を過ごす大人は、定型発達児には気を遣う必要はありませんが、自閉症スペクトラム児に対しては、選択をさせたり、選択に従わせたりする。この交替が重要な操作なのです。

　次の例は信じられないかもしれませんが、実際にあった話です。ある日われわれは、PRTの実施について学校から相談を受けました。幼い男の子の観察のために、学校の管理職がわれわれを幼児教室に案内してくれました。教室へ入ると、その子は、授業には参加せず走り回ってばかりで、指導員から逃げ回っています。ほぼ、15分ほど見ていて、スタッフに「PRTをしているのですか？」と尋ねると、「はい」と返答が返ってきました。「PRTの重要ポイントは何ですか？」と質問すると、「子どもに選択させることです」と言います。教室を走り回ることが彼の選択なのでそうさせています、と言うのです。われわれはすぐに彼をテーブルのところへ連れていき、彼に、何がしたいのかと聞きました。スタッフたちには、子どもの選択あるいは子どもの要求に従うというのは、特定の標的行動、子どもの好きな教科、指導の教材についてであり、教室を走り回ったり何もしないことは選択の対象には入らないと指導しました。授業時間は授業時間なのです。

　次に、活動に選択の余地がないように見えることについて説明が必要でした。どんなことでも選択の余地があるものです。それにはちょっとした想像力が要求されます。例えば、子どもに宿題をさせなければならない場合、宿題は楽しいものではありません。宿題に選択の余地がないように見えます。しかし宿題を済ます順番の選択、どの部屋でするかという場所の選択、鉛筆を使うかそれともボールペンにするか、提案ならいくらでもできます。私たちも想像力

この子は積極的に交流に参加し、セラピーで大好きな遊びに加わり相互のやりとりを学んでいます。

を持って子どもと接してみましょう。何であれ選択の提案をしてみる、こういうことが意外に大きな違いを生み出すのです。

　このように、子どもたちは選択することが大好きです。駄々をこねた時にも効き目があります。例えば幼稚園児が、指導が終わっても床に寝転がって帰宅を嫌がっていて数分経っても収まりそうにもない時に「自動車まで歩いて行く？　それとも抱っこで行く？」と尋ねると、起き上がって「歩いて行く」と答えたりすることもあります。選択肢が両方共嫌だとしても、選択することには効き目があるのです。

エビデンス

　われわれが最初に見つけたモチベーション変数は、「子どもの選択」であった。これはいささか不合理なように聞こえるかもしれない。個別試行訓練法の時には、通常指導者が教材（たいていの場合、フラッシュカード）を適当に選んでいく形になる。そう、あの退屈なフラッシュカードでいつも訓練しているというのがイメージとしてあるからかもしれない。ところがそれとは異なり、子どもと話し合った上で、子ども自らが教材の選択をするとモチベーションが格

段に高くなる。選択の効果については、莫大な量の研究論文があり、いずれも障がいの軽重、年齢差、男女差に関係なく有効だと報告している（Kern et.al., 1998; R.L. Koegel, Dyer, & Bell, 1987）。

　自閉症関係では、われわれとの会話とその選択に関する研究を行っている（R.L. Koegel, Dyer, et al., 1987）。子どもたちに社会的交流の間に何を話すか、何で遊ぶのか、を自分たちで選択させると、モチベーションが高まりとても社交的になる。データでは、大好きな関心事を通じて相互交流のやり方を指導すると、社会性が大きく改善することが示された。厳密には子どもが全員、興味関心を持ってお互いに交流をしたわけではない。しかし学習の初期段階で社会性を身につける大きなきっかけとなる。子どもたちはモチベーションが高まってくると対話をするようになり、両親、教師、セラピストは聞き手としての訓練、質問、気持ちをこめた返事の仕方を学習しなければならない。とにかく重要なのは、モチベーションである。

ポイント②日常生活内の強化子

課題に直接的に関係し、機能している強化子を使用する

　私たちが介入セッションで子どもと一緒にフラッシュカードを集め、できたら小さなご褒美がもらえるということをしていたのはそんなに昔のことではありません。当時は、ご褒美が子どもの行動をどう変えるか、というのがテーマでした。その時はまだ、日常生活内の強化子ということは考えていません。子どもが「終わりにしていいか？」と尋ねてもいいが、セッションの途中だったら「ダメ」と制止していました。ところがこの時に大きな変化が現れました。強化子として特別にわれわれが用意したものではない身近にある子どもの好物を「強化子」に使うと、子どもたちのモチベーションが上昇し、熱心になり、反応性が高まったのです。例えば、無言語の５歳児がいました。彼は求められると数個の音声模倣はできますが、有意味語は模倣ができず聞き取りもできません。ある日、ご褒美に

用意したクッキーを欲しがるので、表出言語が出たらクッキーで強化しようと考えました。われわれはクッキーを差し上げて「クッキー」と叫んでみました。彼は何度も聞いていて、間を置いて、繰り返しているうちに、彼は、慎重に、しかし正確に、"Coo-kie"と発声したのです。もちろんわれわれはそのたびにクッキーの大きな欠片を提供しました。彼はその時まで、1語のことばも言ったことがありません。この例からも明らかなように、状況に無関係な強化子よりも、クッキーのような欲求の対象となる、日常生活内の強化子のほうが想像以上の進歩をするようになります。

　この時以来、日常生活の強化子がわれわれの定例の強化子になりました。日常生活の強化子を使うと、反応性に大きな違いが生じます。例えば子どもに自分で服を着ることを教えたいのであれば、暖かな部屋ではなく寒い部屋で服を着るようにすればいいのです。靴をひとりで履くのを教えたいのであれば、お出かけの直前の機会を捉えて教えます。どんなことであれ、ちょっと考えれば自然な報酬を利用することができるのです。分数の計算などの難しいことであっても、料理のレシピを使って学習させます。作文の指導なら、指導者がテーマを決めずに子どもに好きな活動を文章に書かせ、書けた後にはその好きな活動をさせたりするなど、多くの活動を日常生活の強化子に結びつけていきます。行動と日常生活関連の報酬を結びつけると、問題行動もなくなり、社交的になって機嫌よく一緒に学ぼうとするようになるのです。

エビデンス

　反応−強化子の関係、すなわち日常的な強化子の発見は、子どもの学習モチベーションの改善に大きなインパクトとなった。簡単に言えば、指導しようとしている行動と直接関係するご褒美を使えば、よりスムーズに、より豊かに、般化する学習が生じる（Skinner, 1954, 1986）。すなわち、標的反応が直接的に強化子に関係すると、子どもはスピーディに学び、般化もするようになる。例え

ば、子どもにお弁当箱の開け方を教えようとするなら、教えるよりも、ただ単に、お弁当箱の中に美味しい食べ物を入れておけばいい（R.L. Koegel & Williams, 1980）。興味深いことに、「獲得させたい行動＝反応」と「反応生起頻度を上げるもの＝強化子」の２つの関係が自然で、意味があって、直接関係のあるものであると、改善成績が良く、より学習に関心を高めてくれるようになる（Koegel & Williams, 1980; Williams, Koegel & Egel, 1988）。Dunlap と Kern（1996）、Hinton と Kern（1999）も同様に、重度の子どもたちでも確認している。例えば、書くことが嫌いできつい回避行動を示す子どもに、大好きな親戚に手紙を書くなどの日常的強化子を取り入れると、大幅な学習の改善を示したのである。

　同じように日常のいろいろなものが使える。例えば、バスの時刻表を使って、時間という概念を教えることができる。Kazdin（1977）は、自然で直接的な反応→強化子のつながり（強化随伴性）のほうが、間接的な強化子よりもはるかに効果的だと主張している。なぜなら、反応と強化子のつながり（随伴性）が直接的で、標的反応が強化子に対して時間的に、物理的により接近しているからなのだ。例えば、前述のように、お弁当箱の開け方の学習で、中に入っている美味しい食べ物は、フタを開けるという反応に時間的に接近する日常的強化子である。一方、お弁当箱のフタを開けてからの強化子の提供は無駄な手間がかかる。いずれにしても、同じ報酬がもらえるのになぜ違いが生ずるのだろうか？　行動には意味があるからである。強化子と行動との間に直接的なつながりが必要なのである。

　われわれは、同じプラスの効果が社会的強化によっても得られるのではないかと考えた。われわれ（R.L. Koegel, Vernon, & Koegel, 2009）は、社会的介入の中に日常的強化子が含まれると、子どもたちはますます社会性が身につくことを明らかにした。例えば、言語コミュニケーションを指導していて、日常的な強化が働くようにした。例えば、子どもがトランポリンを跳びたいとことばで要求した

時に、最初はトランポリンのジャンプの機会を日常的強化子として彼に与えていた。この場合、リクエストへのモチベーションは高まるが、社会的行動の改善はさほどではない。これに対照的に、子どものリクエストの後で大人がトランポリンを一緒にしてやると、他人と共に大好きなトランポリンをしたという経験は、子どもの社会性におおいに貢献するようになるだろう。標的行動に強固に、そして直接的に結びついている強化子は、課題達成のためのモチベーションを大きく向上させてくれる。これを示す研究は無数にあり、この指導法はコミュニケーション、日常生活、社会参加などを大きく進めてくれる。

ポイント③試みる行動を強化する

明らかではっきりとした目標を持った理由のある試みを強化する

セッション中に、一生懸命に子どもが課題をしようとしているのに「だめ、だめ」と繰り返し言っている父親がいました。もちろん、われわれは子どもを罰するよりも「いい感じだね、もう1回やってみようか」と言って、子どものやろうとする行動を褒めてフィードバックすることを父親に提案しました。失敗を繰り返す自閉症児には、やってみようとすることを褒めるのは特に大切なのです。出来がよくても悪くてもやってみようとする行動にはご褒美が必要なのです。やろうとしない行動と、やってみようとする行動を混同してはいけません。子どもはいい加減にやったものが偶然正解したりすることもあれば、周囲を眺めておもむろに反応したりする時もあります。そんな場合にはやってみようという行動でないので、ご褒美を出してはいけません。やろうとする行動というのはその行動の適切さに関係なく、子どもが具体的に試みているかどうかなのです。100％正しくなくてもはっきりとチャレンジしようとしていれば、ご褒美が与えられるほうがいいのです。何がどうであれ、「やってみよう！」にご褒美が伴えば、子どものモチベーションは大きく改

善されます。

エビデンス

モチベーションと自閉症の関係の中で最高、最大の発見は、子どもたちの学習しようとする試みを強化することである。環境・状況に適応した正しい反応（正反応）でなくても、試みる反応を示したなら強化すべきである。実はこれは行動を形作る過程で正反応を強化するよりも効果が大きい。これまでは子どもの行動が同じレベルか、少しは良い行動に対してのみ、強化を与える手法が多くの指導者によって使用された。そしてそれは厳密な行動形成の手続きが必要だった。しかし単純に見ても初語などの場合には100％正確な発音は難しい。だから多くの標的行動は、実際子どもには容易ではなく、結果的に強化が受けられない。しかしながら、学習性無力感の理論に従って、試みる行動そのものが強化を受けるならば、多くの反応を示し、今までやったことのないことまでやり出す、すなわち「般化」するようになる。

例えば、われわれが行った研究のひとつ（R.L. Koegel, O'Dell, & Dunlap, 1988）では、無言語の自閉症児で、長い間１語のことばも学習してくれなかった子どもが、この言語形成介入で連続して正反応を示し強化を受けるまでになった。ことばを話す行動の獲得に失敗していた以前の指導法と対照的に、ことばの試みに強化子が与えられると彼らはきわめてスムーズに語彙を増やした。重要なことは「試みること」である。正反応をしても、試みようとしなければ、強化子を与えない。試みのほうが重要だからだ。試みをすれば、それが間違っていても、はっきりとしていなくても強化子を与える。試みに強化子を与えるほうが、発語あるいは有意味語に近い発声の獲得は信じられないほどのスピードになる。介入の効果がなく、ことばが出なかった子どもたちも、数年後にはこの結果が出るようになる。

われわれが学会誌に、無言語の自閉症児の「言語獲得」（acquisition of speech)」とは書かず、あえて「言語使用工作（producing speech use)」というタイトルにしたのは、試みる行動に焦点を当てたかったからである。こうすると、学習の速度が速く努力の蓄積で獲得しているようには見えないほどである。

　特別な指導なしに語彙のすべてを獲得してほしいのだが、それは無理である。しかしこのやり方であれば、学習の必要性はあるが実に速いスピードで学習をする。そして直接的な介入なしで、語彙の獲得速度と周囲の人たちの様子を見ながらの語彙の拾い上げ方が、定型発達児のようになっていく。

　モチベーション変数の発見から、古くは1960年より始まっている模倣というピボタル行動の研究をもう一度やり直し、われわれは成功を収めた。すなわち、子どもたちのモチベーションが十分高くなると多彩でスムーズな模倣が始まる。モチベーションの発達が進んで、次に模倣が発達し、大きな発達が達成される。

ポイント④維持課題と獲得課題の混ぜ合わせ

以前に学習した課題とまだ学習していない課題を一定の割合で混ぜ合わせる

　言語病理学者で教育心理学者でもあるKoegel女史の言語の独創的な指導法は、原因を明らかにし、標的行動の発達促進を進めるものでした。これは軽度の障がい児には有効だったのですが、自閉症児はよく指導中に混乱を引き起こしていました。その原因を考えると、やはり学習性無力感が原因として浮かんできます。自閉症児たちは多くの欠点が現れ、できないことが多すぎてすぐにあきらめてしまいます（学習性無力感）。難しい学習が続くと、自閉症児たちはちょいちょい休みを入れ、学ぶことに嫌気がさして、ついには学習から逃れるために暴れ出します。ところが、「これから学習する課題」と「すでに獲得した楽な課題」を適当に混ぜあわせると、子どもたちはとても良い状態を続けて学習していきます。

　私たちの娘が特殊教育のPh.D.の学位を目指していて、私たちの

研究と同じようなことをスポーツのトレーニング方法に取り入れて研究しています。彼女が言うには、コーチたちはいつも子どもたちにゆっくりと向上を働きかけ、達成を経験させています。野球を学ばせるにしても、決して試合などから始めたりせず、簡単なティーバッティング（ティーの上のボールを打つこと）から始めています。これは良い考えです。誰でも成功すれば楽しく熱中するようになりますが、失敗ばかりだとつまらなくてあきらめてしまいます。

　学習済みの課題と新規の課題のミックスはモチベーションを高めてくれます。容易な課題は学習の能率を落とすと考えるかもしれませんが、そんなことはありません。混ぜ合わせることは、逆に学習の速度をアップさせてくれるのです。行動の基礎理論として、行動エネルギー（行動の慣性現象）という考え方があります。ある行動を次々に続けさせ、ある程度になるとその行動に向かうエネルギーが増幅するといわれています。学習済みの課題と新規の課題を合わせるとフラストレーションは減少し、モチベーションは向上して学習行動がひとかたまりとなり、難しい課題への取り組みに拍車がかかります。これは私たち大人にも当てはまります。自閉症スペクトラム児にとっても成功体験は有意義なのです。新規の課題の学習をするにあたっては、前に味わった成功体験とのミックスが大変重要になってくるのです。

エビデンス

　モチベーションパッケージのもうひとつの要素は、簡単な課題と難しい課題を織り交ぜていくことである。Dunlap（1984）の注目すべき研究で、自閉症児のモチベーションの問題を取り上げた。その研究で、モチベーションの問題点は指導者のアプローチであると考えた。われわれは今まで、子どもたちが全く知らない課題を教えることだけを考えていたからだ。目の前の課題だけを行うやり方は一見合理的に見えるが、これだと指導者は、知らずに経験のない難しすぎる課題を要求し、子どもにストレスをかけたまま指導を続

けていることがある。結果的に学習性無力感に追い込まれ、このアプローチではひとつの障壁を作ってしまう可能性がある。ところが経験のない難しい課題と、すでに学習した課題を織り交ぜると、子どもは経験のない難しい課題に対してもモチベーションを高めることができる。私たちはこれを「維持課題と獲得課題の混ぜ合わせ」と呼んでいる。すでに獲得している「維持課題」と新規の「獲得課題」の割合を7対1にすると、獲得課題100％よりもはるかに成績が良くなり、確実に効果が上がる。学習事態から逃れたいというモチベーションがいっぱいだと、指示があっても耳に入らない。ところが織り交ぜた維持課題がたくさんあると、モチベーションが長期に維持される。

　Carr、Newsom、Bikoff（1976）も類似の結果を報告している。すなわち、自傷行為などのひどい行動で強制から逃れようとする子どもでさえも、簡単な問題の中に難しい問題を混ぜると、指示に従うようになる。このやり方は、全く別の集団でも有効だった。例えば、Singer、Singer、Horner（1987）は、重度知的障がい児に、簡単な課題を先に行わせておくと、今まで拒否していた指示に従うようになると報告している。この問題は「行動の慣性現象（behavioral momentum）」と呼ばれている。最初に容易な課題を何回か行わせておくと、課題をする行動そのものに勢いがつく。そこに難しい課題が加わっても、行動はさらに継続するのである。

ポイント⑤課題の多様性

刺激に変化をつけ、相互交流中に強化をする

　「課題の多様性」は、前述の「獲得と維持の混ぜ合わせ」と似たようなところがたくさんあります。反復練習のドリルとは異なり、楽しいものになります。算数の難しい反復練習の悪夢をいまだに見続けている人が多いと思います。事実、私たち夫婦は、さんざん面倒な算数問題を出す娘の先生とどれほど衝突したことでしょう。私

たちは娘の宿題の量を減らすことにしました。彼女の宿題は間違いが多かったのですが、できないのではなく、量が多すぎるために疲れてしまい、間違いが多くなるのです。問題の数を減らすと彼女はちゃんとできるのです。問題の数が少ないと、算数に長時間取り組み頻繁に熱中するようになります。娘は医学部で全課程を修了するまでになりました。小学生時代に算数に問題があったのですが、その後の学校生活では支障はありません。いずれにせよ、課題の目先を変え、長期にわたりひとつの課題ばかりにしないことです。課題は短く、いろいろ変化をつけるほうが、子どもはより課題を行うようになります。子どもが順調に進んでいても、絶えず興味の維持に気を配るべきなのです。

エビデンス

　課題の多様性とは、前述の「混ぜ合わせ」に近い考え方である。ドリル訓練のように、単純にひとつの課題の反復よりも、いろいろな課題の反復をするほうが、学習モチベーションが高くなり、学習速度が上昇する（Dunlap & Koegel, 1980）。正反応数、反応生起率、反応の積極性が改善される。学習速度と学習の楽しさが同時に上昇していく。これは一見論理的に見えるが、実は、日常の中で何かのついでに学習をしているのである。例えば、多くの定型発達児たちは机に座って大小の大きさの概念を、大きいものと小さいものとをわざわざ指さしして学んでいるわけではない。大きさその他の概念は、日常生活の中で学んでいる。自閉症児の指導もそのほうがいいはずである。日常生活中に混ぜ合わせて試行したほうが、着席だけを促そうとする集中試行訓練よりも、ずっとストレスも回避行動も少ないはずである。くわえて、大人もそのほうが楽しい。

５つのモチベーションをパッケージにする

　自閉症児のモチベーションと学習全般に関係する要因が明らかに

表2-2. PRTの良い例と悪い例

	目標	悪い例	良い例
子どもの選択	色の学習	見本カードの使用。	大好きな消防車やパトカーのおもちゃを使う。
維持課題と獲得課題の混ぜ合わせ	宿題	次々に新規の課題をする。	子どもが楽しめる課題と新規の課題を混ぜ合わせる。
直接的で自然な強化子	早い遅いの区別	目の前で鉛筆を動かして、早い、遅いを言わせる。	キャッチボールで速い球、遅い球を要求通りに投げさせる。
	5W1Hの質問	子どもがバックを指さし「これは何?」と言ったらチョコを与え「良い質問ね」と言う。	子どもがバックを指さして「これは何?」と言ったら好物がバックの中から出てくる。
	指導に従う	カップが書いてある絵本を見せて「カップに触れて」と言い、正しければ「すばらしい!」と褒めて次のページへ進む。	「カップに触れて」ということばに正しく答えられたらジュースの入ったコップが渡される。
試みを強化する	初語	子どもがボールを「ボ」と言うのであれば、その後ちゃんと「ボール」と言い直す。	子どもがボールを「ボ」と言えばすぐにボールを与える。

なってくると、2つの考えがわれわれに湧き起こってきました。ひとつは、モチベーションについてです。ごく初期には、難しい学習課題、例えば社会的コミュニケーションなどは自閉症児たちには不可能だと考えられていました。現在では、いろいろな手続きでそれが有効になりました。社会的コミュニケーションに対するモチベーションの操作が簡単にできるようになったのです。コミュニケーション障がいと言われている自閉症児に対して、これはとてもすばら

しい変化だったのです。

　しかしながら、どこが頭でどこが尻尾なのかの疑問が生じました。モチベーションの各要素はつながっているのでしょうか？　つながっているならそれをひとつのパッケージにまとめて使うことができるのか、という疑問です。パッケージで利用できればきわめて強力になると思われます。しかしおそらく、まとめてすべてを実行することは難しいと思いました。ところが驚いたことに、各要素をまとめて実行してみると、定型発達児の相互交流のようにきわめて楽しいものになりました。指導はごく厳密なシステマチックなものでしたが、子どもたちはよく遊び、いい時間を過ごし、介入者、教師、臨床家、両親、その他の人たちにも魅力的な介入となったのです。罰は必要なく、学習はスムーズに進みました。昔ながらの個別試行訓練に、「子どもの選択」「自然的強化子」「課題のミックス」「課題の多様性」などの手続きを単純に取り入れただけなのです。この結果は劇的でした。無言語の自閉症児が発話を獲得したのです（R.L. Koegel, O'Dell, et. al. 1987）。特定のモチベーション操作がなくても学習の効率は、個別試行訓練法を使うよりも格段に成績が良くなりました。くわえて、子どもたちはたくさんの文章の中で内容のあることばを使用する能力を身につけました。これは単語を学習しただけでなく、多様な言い回しの使用にモチベーションを高めていることを示しています。たぶん最も重要な点は、子どもたちが介入セッションをとても喜んだことです（測定テスト affect rating scales でも）。すなわち逃避も回避もなく、介入現場での乱暴行為もありません。笑顔が見られ、興味を高め、熱心になり、学習速度がアップしました。さらにうれしいことに、PRTの実行で親たちの気持ちが改善され、笑顔が多くなり、他の子どもとの交流が増え、ストレスが減り、子ども同士での学習が増えたのです。

　第1章の最初の表にあるように、われわれのセンターや他の施設でモチベーションの効果をテストしてみました。結果は想像以上に子どもたち全員に能力の向上が見られました。いったんモチベーシ

|||||||||||||||||||||||||||||||||||||||||||||||||||||||||||||||||||||||||||||||

迷信：自閉症児たちはそれぞれの欠陥に応じてドリル訓練を繰り返すのが一番良い。

真実：逸脱行動の緩和介入の中にモチベーション手続きを投入すると、興味・関心、幸福度、学習のスピードアップが大きく改善します。

|||||||||||||||||||||||||||||||||||||||||||||||||||||||||||||||||||||||||||||||

ョンが発動すると、子どもたちは発話、社会的行動、学業成績、共同注意、象徴遊びに大きな進歩を示し、幸福度、興味、熱心さが劇的に向上しました。実際のところ、泣き叫びや癇癪などのマイナスの感情に代わって、微笑、笑い、自分のほうからの相互交流を求めるなどのプラスの感情を多く示すようになりました。これが過程全域の要となるのです。

日々の生活事態で介入を有効にする

　モチベーションを有効に利用するためには、まずチャンスを作る必要があります。自閉症スペクトラムの子どもたちはもともと、人との関わりを持とうとしません。幼児期にすでに社会的交流を持とうとはせず（第4章参照）、そして何でもひとりでしようとして、社会的交流を避けようとします。そのために、コミュニケーションを取ったり、他人が好むいろいろな行動を取るチャンスに恵まれることが大切なのです。まず考えをがらりと変える必要があります。もっと前向きに、子どもを意欲満々にするあらゆるケースを考えてみましょう。もし子どもが車でドライブすることが大好きであれば、楽しいことですので車に乗るたびに何かことばを発することが多いだろうと思います。車の仕組みをいろいろと覚えてきたら、「ロックをはずしますよ」「シートベルトをしまーす」「キーを回すよー（スタートボタンを押す）」「スタート！」など動作にことばを加えていく。われわれのところに、父親とドライブに行くのが大好きな

娘がいます。「10、9、……3、2、1、発射！」とカウントしてから出発するのがお決まりになっていました。娘が掛け算をすることが苦手で困っている時に、父親はドライブ中にゲームを始めました。10からのカウントの代わりに、「1の10倍、2の10倍……」「10、20、30、40……」というように、100までやって「発射！」。他の数字についても繰り返しました。こうして退屈な掛け算表を楽しい家族のゲームとしたのです。

　もし先生であれば、ちょっとだけ思い起こしてみてください。学校での多くの自閉症児たちは、教室の中で発言して自分を出す機会は、1時間に1回しかありません。1時間にたった1回なのです。これを聞いて理解できたら、あなたは良い先生だと思います。普通、先生は、帰宅までの間に1時間あたり1回の割合でしかコミュニケーションのチャンスを与えません。コミュニケーションに深刻な欠陥を持つ自閉症スペクトラム児には、一貫して、頻繁な言語コミュニケーションのチャンスが必要なのです。教室にことばを交わすチャンスがたくさん必要です。外に出て遊びたくて「出てもいい？」と尋ねてくれたら、「外に出て何するの？」と聞くチャンスです。昼食やおやつの時なら、子どもと食べものの話をする絶好のチャンスです。おもちゃに興味がないオヤツの好きな子どもたちには、強化子としてポテトチップを使ったり、たくさんのご褒美とするためにサンドイッチを小さく切っておくことも有効でしょう。とにかくランチやディナーで楽しい会話をすることが目的なのです。このことは、子どもたちそれぞれの目的のスタートラインになるのです。

　初期の段階において、発話のきっかけは子どもの欲求するものや好きな遊びです。出発点としては単純ですが重要な条件です。発話そのものは難しくても、その場は子どもが望む結果となります。時間が経過して、いったんコミュニケーションが楽しいものになるとより社会的な場面を求めるようになるのです。一番に求めるものは日々の生活にあり、学校生活を含めて具体的に日々のあらゆる活動内容が重要です。子どもにとってのひとつひとつの課題に自然的強

化子が随伴していることがあれば一番成果が上がります。子どもが熱心で興味津々だと、親や先生は本当にうれしいのです。さぁ、課題の中にモチベーションを組み入れてみましょう！

Q. みなさんはこれらのことができていますか？

ご両親に向けて

1. 子どもに選択をさせていますか？
2. やさしい課題と難しい課題をミックスしていますか？
3. 「試み」を強化していますか？
4. 子どもにやらせている活動に、自然的強化子が随伴されていますか？
5. 自発的な言語コミュニケーションのきっかけを与えていますか？

先生に向けて

1. モチベーション活動をカリキュラムの中に取り入れていますか？
2. 生徒に選択をさせていますか？
3. 「試み」を強化していますか？
4. やさしい課題と難しい課題をミックスしていますか？
5. 意味のある結果につながる自然的強化子を提供していますか？
6. 自発的な言語コミュニケーションのきっかけを与えていますか？

第3章

問題行動への対処法

　つい最近、自閉症の小児、青年、成人たちを対象にしている専門家、その両親たちが全米各地から集まる会合がありました。さまざまな介入法に関する議論があり、東海岸からのひとりの親がわれわれを見て、次のように言ったのです、「あなたたちは問題のない子どもたちしか見てないのですか？　激しい問題行動を示す子どもを見かけませんが……？」と言うのです。私たちは、これを聞いて、ニヤリと笑いました。そして笑いながらその親に聞きました。「そうじゃないのです。みんな問題行動をしなくなるのです。私たちと一緒だと、本当に問題行動を起こさないのです。それとも、私たちが関わっているサンタバーバラの子どもたちだけが特殊で、みんな最初から問題行動をしないとでも考えているのですか？」彼女に説明すると、納得し微笑んでくれました。

　われわれの対象児たちは、本当に問題行動を起こしません。質問の東海岸からのご婦人の疑問も本当によく理解できます。もちろん、これは彼らが特殊だというわけではなく、われわれが使っているモチベーション手続きの成果です。その必須条件は？　答えは簡単です。子どもは楽しければ、絶対に暴れたりしないのです。ならば、なぜ、みんながそのモチベーション手続きを使わないのか、疑問に思われるでしょう。これは訓練法に問題があるのです。既成のフラッシュカードの訓練は指導者にとって単純作業なのです。子どもの言いなりになり、子どもの好きなものを見つけ、そこらに散

この子は、おもちゃのかたづけを学習中です。幼い弟を
いじめたり、妨害行動をしたりせず、一緒に遊びます。

在する指導材料で教えるよりも、また、自然的強化子の随伴操作を
するよりも、「これは何?」と聞くほうがずっとラクチンなのです。
われわれの指導法は難しいものではありません。そして、効果的な
のです。ちょっとばかり頭と手足を働かすだけなのです。ところが
ほとんどの人たちは、重要なフィードバックを手抜きして、最低限、
80％ほどの手続きを忠実に守るだけでいいのにこの手続きを採用し
ません。われわれが訓練している人たちの多くは、修士や博士の学
位所有者です。誰にとっても標準的手続きの履行は難しいものでは
ないはずです。問題は、子どもにとって何がベストかではなく、モ
チベーション手続きが正しく実行されることなのです。そうすれば、
問題行動があったとしても、ごく軽微なはずです。

　問題行動のほとんどは、コミュニケーションだといわれています。
自閉症児の多くは、コミュニケーションが苦手で、フラストレーショ
ン、退屈、疲労、空腹、イライラ状態の時には、無為に時が過ぎ
ていくだけになります。こうした感情を出さずにいると、問題行動
となって一気に噴出します。問題行動をすると人が慰めてくれ、欲
求充足をしてくれます。その経験が繰り返されていると、問題行動
は一層激しくなるのです。問題行動への介入法のひとつは、行動の

背後にあるモチベーションを理解することです。問題行動を起こすのは、子どもたちが悪いからではありません。問題行動を引き起こすときは、大体いつも、難しすぎる課題を避けたり、人の注意を引こうとするときのちょうどよいことばを持っていないからなのです。実際私たちは、仲間と交流しようとはするものの、不適切な行動をとってしまう学齢期の自閉症児を数多く見てきているのです。

定型発達と問題行動

　乳児期の定型発達児が泣き叫ぶ行動を考えてみましょう。どうしたら良いかはわかると思います。話せるようになると、泣き叫びは少なくなっていきます。しかしながら、時に、泣き叫ぶという幼稚なコミュニケーションに逆戻りすることがあります。たいがい親たちは「ちゃんとことばで言いなさい」「泣いてちゃわかりません」などと言います。こうした指示で、子どもは、獲得したばかりの言語コミュニケーションで訴えます。単に泣き叫びよりも発話のほうがずっと社会的に受け入れてもらえるのです。ちゃんとしたことばのほうが、効果が確実だからなのです。第4章では、積極的自発性を取り上げ、課題が難しい時に、「教えて」と助けを求める言語行動について論じるのですが、子どもはいったん効果的な言語の使用を身につけると、欲しいものを手に入れる手段としてのことばの有用性を理解するようになります。そうすると普通、癇癪などの幼稚なコミュニケーションを使わなくなります。問題は、自閉症児が発話の獲得が難しいことです。発話の能力が問題行動を解消するので、発話へのモチベーションが重要になり、そしてここでPRTが重要になるのです。

　妨害行動で注意引きをするケースについて考えてみましょう。積極的自発行動を思い出してください。積極的自発的に社会的注意引きを示す子どものモチベーションを高めるのは簡単です。自分がしていることを両親に見せるのに、「見て！」ということばを自発さ

せる指導は難しくありません。積極的自発行動は有用性が高いのです。自発的質問は相手の注目を引きつけるだけでなく、知識の獲得を大きく進めていきます。少数ではあるけれど、完全無言語の子どもに、手話、絵カード、パソコンを使ってコミュニケーションを教えることができるのです。問題行動は、実はコミュニケーションツールという意味で、絵カードと同じ機能を果たしているのです。

　忘れてはならない重要なことは、問題行動を示している時には、必ず理由があるということです。しばしば、その理由が学習性無気力に関係していることがあります。問題行動は本人にとってそれなりに利益があり、有効手段であり、あるいは、大人たちから報酬が与えられているものなのです。しかし、いったん、モチベーションが身につくと、問題行動は不要になります。多数の機能分析の研究がなされていて、いずれも、問題行動の理解の重要性を強調しています。自閉児は逃避・回避をするために問題行動をしているのです。すなわち、社会的コミュニケーションの困難、教師の指導の困難、その他の困難からの逃避・回避のために問題行動を行います。PRTを指導の原理にしているわれわれは、次のような仮説を立てています。子どもたちが社会的コミュニケーション、教師の指導などにモチベーションが高くなれば、子どもたちは逃避・回避の妨害行動は示さなくなるはずなのです。そして、適応的な行動へのモチベーションが一層高くなるのです。意欲的な行動には、消耗ということがありません。自閉症児にとって重要なことは、モチベーションのピボタル領域を考慮して、的確に妨害行動を除去することです。適応行動に対するモチベーションが育った子どもたちが問題行動を示さなくなるのを見て、人々は驚きますが、それはPRTの副産物なのです。われわれのところへ来る見学者たちは、しばしば、「問題行動を示す子どもたちは、改善すると、とてもかわいらしい子になりますね。一体全体、何が起こったのでしょう！」と感激します。その答えは、単にモチベーションを高めただけなのです。

問題行動の背景

　PRTがなぜ問題行動の解決に有効かを考えるために、困難課題の回避手段としての問題行動を取り上げてみましょう。PRTによる問題行動への介入は、回避したいなどと思わないように、課題に対するモチベーションを高

妨害行動の意味
- 課題回避のため
- 課題逃避のため
- 注意引きのため
- 要求を貫くため

めればいいのです。コミュニケーションの介入を扱った第2章の論議に戻って考えてみよう。われわれは、PRTによって、無言語の子どもに初語を指導した（当時は、自然言語パラダイム、NLP、と呼んでいた）（R.L. Koegel et. al., 1992）。そこでは2つの条件を比較した。ひとつは、PRTのモチベーション手続きを組み入れたもので、もう一方は、モチベーション手続きなしで、個別試行訓練を実施しました。結果はご想像通り、モチベーション手続きを付け加えたほうでは、問題行動が完全ゼロ、あるいは激減しました。この実験では問題行動の対処が直接の目的ではありません。ところがその問題行動にも大きな違いが出たのです。「手を下げて！」とか「泣かないで！」など、問題行動には直接のコントロールはほとんど必要ありませんでした。問題行動がないと、学校で得るものは大きくなります。問題行動のたびに自閉症の子どもを教室から連れ出し、タイムアウトで閉じ込めることはとても大変なのです。しかも、タイムアウトはしばしば問題行動の報酬になったりする場合があります。妨害行動が課題からの逃避、あるいは、回避の強化子として働いてしまうのです。

　同じような別の研究で、発音に問題がある子どもに発語の指導をしました（R.L. Koegel, Camarata, Koegel, Ben-Tall, & Smith, 1998）。われわれはセッションでの問題行動でスムーズには進まないだろうと想像していました。指導に先立ちあらかじめ親の承認が必要だろうと考えました。普通、心理学の研究で人を対象にする実

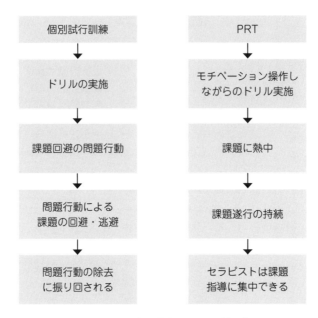

図3-1. 個別試行訓練とPRTの対照表.

験ではその人自身もしくは保護者からの承認を必要とします。保護者の同意なしで厳しい手続きの指導（医学系に多いのだが……）は社会的に禁止されているのです。

　指導して問題行動が出るようだったらすぐに介入を中断します、と言って個別試行訓練を始めました。子どもたちは頻繁に問題行動を示し、約束どおり中断しなければなりませんでした。ところが、PRTでモチベーション操作を導入すると、子どもたちは課題を楽しみ、指導予定を順調にこなすのです。親たちはわれわれに次のように言います。「うちの子たちは日曜日には自閉症センターがお休みだと言われると、とても残念がるのですよ」

問題行動への対処法 第3章

Q. みなさんはこれらのことができていますか？

ご両親に向けて

1. どんな状況で子どもたちは問題行動を示していますか？ モチベーション要素を問題行動の起こる状況へ組み入れていますか？
2. 問題行動を示して、子どもは何を求めていますか？

先生に向けて

1. 問題行動低減のために、カリキュラムへのモチベーション向上をしていますか？
2. 子どもたちが問題行動をしないようにするには、授業にモチベーション要素が含まれるようにすべきです。授業をどう変えたらいいですか？

第4章

積極的自発性を出させる方法

　教師と親からの質問以外に、Russell は自分からはめったに話をしません。人にはほとんど関心がないように見えます。しかしちょっとした助けがあれば、他児との交流ができます。語彙は十分なのですが、単純な文章でしか答えず理解も難しい状態です。友人を作るにはどんなアドバイスをしたらいいでしょうか？

　第1章で、モチベーション手続きを使って、自分のほうからコミュニケーションをするにはどうすればいいのか、スタッフ内でいろいろと検討しました。子どもの好きなものを見つけ、指導の機会を作り、自然的強化子を提供するなどアイデアを出し合いました。われわれの経験では、3歳前であれば、介入開始前に無言語の子どもの約95％が話せるようになります。3歳から5歳までの介入であれば、85％〜90％。5歳以後の無言語の子の介入では数値がぐっと低くなり、話せるようになるのは20％ほどです。しかし、5歳過ぎで無言語であっても絶望ではありません。ことばはモチベーション操作と組み合わせて学ぶことが可能なのです。

　現在、PRTによって言語コミュニケーションが良い状態になれば、ほとんどの自閉症児は最低限のコミュニケーションが可能になります。コミュニケーションのほとんどは必要があるからです。そして教えられたとおりに話すので、ことばの混乱は少なくなります。何かが欲しい時には適切なことばを使わなければならないことを彼らは理解しています。嫌な時にはことばで伝えます。もし課題をした

くないなら「嫌だ」とはっきり言う、その人と付き合いたくないのなら「バイバイ」と言う。何かが欲しい時には「欲しい」、いらないなら「いらない」と言えばいい、そのことを知っています。ところが自閉症児は、社会的な楽しさを求めてコミュニケーションをすることが難しいのです。そこでここからは、社会的な楽しさを獲得するための積極的自発性の指導を取り上げていこうと思います。

積極的自発性の指導という具体的問題に入る前に、一般論の話をしてみましょう。定型発達児たちはごく幼い時から積極的自発性の行動を示します。発話が始まる以前に彼らは両親との積極的な交流をするようになり、相手と同じものを一緒に見る、相手が注視していたものを続いて見るという「共同注意」をするようになります。ところが自閉症児にはこれが欠けています。

生後1年頃、順調に言語発達を遂げると、指さしをして「あれ？」と言います。「あれ？」という表現は子どもの初語のひとつです。大人はそれに気づいて「あっ、何かな？」と応えて対象物の名称を言います。2語文がまだなので、こちらも単純な発音の1語文で答えます。「あれ？」でも「あれは何ですか？」でもことばの機能は同じです。幼い子どもが大人に指さしをしながら、見つめながら「あれ？」と言うと、大人はその名称を言います。それが続き、やがて幼い子は大量の語彙を獲得するのです。不思議なことに定型発達児は特別な訓練も指導もなしで言語獲得を成し遂げます。こうした初期の基本的な質問はきわめて社会的なもので、また子どもの積極的自発性によるものなのです。子どもは活発に自発的に大量の語彙を発達させ、両親がそれに反応を示し、さらに情報量を増やし、言語学習が進んでいきます（単語と単語のつなぎ合わせ方を学んでいくのです）。例えば、定型発達児の Brittany は幼い時、長い間指さしだけだったのが、テーブルの上の奇妙な物体を指さしし、「あれ？」と言ったのです。親は「ローソクよ」と名称を言います。Brittany は「ローチョク」と答え、それに親は「そうよ、賢いわね。長いローソクよ、大きくて、長〜いローソクよ」と答えます。親は

名称を言っただけでなく、形容詞をくわえて言語発達を助けています。親は言語発達に深く関与しているのです。

　しかし、自閉症スペクトラムの子どもには問題があります。なぜか積極的自発性が育たないのです。おそらく質問するというようなコミュニケーションを教える必要があるのでしょう。われわれは積極的に欲しいものを求めること、つまり積極的自発性を教えようと考えました。積極的自発性はきわめて社会的な行動なので、社会性が乏しいとされている自閉症児には大変な挑戦となります。定型発達児はすでに知っているものでも、社会的交流として何度も「あれは？」や「何？」などと質問をします。社会的コミュニケーションが苦手な自閉症の子どもたちは、ことばの学習と社会的交流が難しくことばを交わそうとしません。理由が何あれ、子どもたちはことばに関する積極的自発性も、話し好きの特性も持ち合わせていません。具合の悪いことに、必要性があっても単語を学ぼうとせず、質問をして情報の欠片も手に入れようとしないのです。

　もうひとつの問題は、長期間の結果についてです。私たちは今では思春期、青年期になっている自閉症児たちの、幼児期のビデオテープを再点検しました。たまたま研究室の引っ越しの時に古いビデオを見つけたので、見返してみようと考えたのです。テープは小型化前の旧型の大きいものですぐには再生できず、一日がかりでキャンパス内を旧型の再生機を求めて探し回りました。われわれはその当時のことを思い出し、テープの中に映っている当時のことを話し合いました。Koegel 女史にとって、今では大人となっている子どもたちとの時間はかけがえのないものでした。また、Koegel 博士には血と汗と涙の指導の記録です。その当時、親指導、学校との連携、大学でのセラピーと、絶えず介入を行う総合プログラムを実施していました。プログラムを受ける子どもたちの成績は上々で、明るい将来を思わせるものでした。言語指数も知能指数も50以上を示し、良好な経過を示し、基礎学力も優秀でした。彼らはすべてに熱心で、両親も喜んでいました。そして多くの子どもたちは自閉症の

表4-1. 自発性の描写

自発性	目標	手順	例
これは何？	語彙や表現の増加	不透明のバッグに欲しいものをたくさん入れておき「これは何？」と言うことを促す。バッグの中のものを出して、子どもに名前を言わせる。徐々に子どもが知らないものを増やしていき、バッグもなくしていく。	子どもは恐竜が好き。だからバッグの中にさまざまな種類の恐竜を入れておく。「これは何？」と言うことを子どもに促す。「これはティラノサウルスだよ！」と子どもに答えてあげ、おもちゃを与える。最終的にはバッグの中に普通の気にならないものを入れたり、バッグもなくしていく。
これはどこ？	一般的な前置詞の獲得	中、下、横、後ろなど、いろいろな欲しいものを隠し、「ここにあるの？」と言うことを促していく。その場所を答えてあげ、欲しいものを獲得できるようにしておく。	部屋の周りにいくつかのものを隠して、困らせて選択させる。あるものを探している子どもに「どこにあるの？」と言うことを子どもに促す。大人は「テーブルの下」のようなさまざまな前置詞を使って教えてあげる。その答えで子どもは欲しいものを見つけることができる。
これは誰の？	あなたのもの、私のものを含んだ所有格の使用を発展させる	子どもの前に好きなものを置き、「誰のもの？」と子どもに尋ねることを促す。「あなたのよ」と答える。	テーブルの上に子どもの好きなキャンディを置いておく。「誰の？」と言うことを子どもに促して「あなたの」と答える。

積極的自発性を出させる方法　第4章

何が起こったの？	動詞の多様性と動詞の時制の増加	その時、「私のよ！」と子どもが言うことを促し、欲しいものをそのキャンディをあげる。のよ！」と答えてあげる。「これは私のよ！」と言うことをあげる、そのキャンディをあげる。
		興味を持ちそうな「飛び出す絵本」を見つけておいて、仕掛けを動かしていく。「どうしたの？」と絵本の中で今起こったことへの反応や前に「何が起こったの？」と前のページで起こったことへの反応を促す。
		電車が好きな子どもに、プラレールで線路を作り、ひとつの所だけ壊しておく。電車が壊れている線路を通った時に「何が起こったの？」と言うことを促す。「壊れたんだよ！」と答えてあげ、子どもが続けて遊ぶために線路を直してあげる。
見て！	注意を求める語句を教える	子どもが楽しめそうなおもちゃや遊びを見つけておいて、それで遊ぶ前に人に「見て！」と言うことを促す。
		子どもがバスケットボールを楽しんでいる。バスケットのボールを持って、友だちにボールを「見て！」と言うことを促す。友だちはボールを見て「いいね！」と言い、寄ってきて、ボールを投げて遊ぶことができる。
助けて！	援助を求める語句を教える	子どもが遊ぶのに助けが必要と思われるおもちゃや遊びを見つける。「助けて！」と言うことを促す。その時おもちゃや遊びを助ける。子どもが自分のひとりで人に「助けて！」と言うことを、促すことを徐々にやめるために、促すことを徐々にやめていく。
		絵を描くのが大好きな子どもが、テーブルの上にペンと紙を置く。子どもがペンを開ける時に「助けて！」と言うのを促す。「いいよ、助けてあげる！」と言い、キャップを開けてあげる。子どもはペンで絵を描き出す。

61

症状を大幅に改善させ成人に育ったのです。

　ところがその中で、ChanceとSandyとLarryはどうだったでしょう？　彼らは順調に発達することはなく、その理由を私たちは理解できませんでした。彼らからは片時も眼が離せず、窮屈な環境から解放できずに成長しました。攻撃的で、破壊的で、社会性がなく、現在でも孤立したままです。3歳で字が読めたChanceは無気力のままで、単純な家事を教えるプログラムもうまくいきませんでした。プロなみにピアノが弾けるSandyがどうして監視付きで家に閉じこもっているのでしょう？　乱暴をするので外出できないのです。では彼はなぜ乱暴をはたらくのでしょうか？　Larryは言語発達が良好なのになぜ問題行動が激しく、両親は彼と一緒に外出ができないのでしょう？　この原因に関してスタッフ同士で意見は一致しませんでした。しかしそれでもみんなが共通していたのは、介入プログラムになにがしかの欠陥があるはずという意見でした。われわれの記憶では就学前にはみんなほとんど同じ特徴を示していて、その中で同じ介入プログラムを実施して同じように有効だったのです。問題行動が顕著な子たちがいる一方で、Jakeは高校卒時にみんなの前でスピーチをし、親友もいて、運動部では人気者でした。Tysonは優等生として表彰され、テニス選手としてカリフォルニアのベストプレイヤーにランクインしました。Lindseyは高校の人気者で、ベビーシッターをし、インターネットに映画評を投稿するのが好きで、法律事務所の秘書になりました。すべての子どもを同じように扱って介入し、良好な発達を示して当然全員が順調に育つはずなのに、どうしてこんなに大きな差が生ずるのでしょうか？　われわれは大きな疑問を感じたのです。

　成人になるに従ってこうした違いが生ずるのはなぜなのでしょうか？　これがわれわれの大きな疑問になりました。極端に良い結果になったり、極端に惨めな結果になったりと、大きな違いを示す子どもたちを長期にわたって取り上げてみたのです。良い結果を示す子どもたちは、働いているか大学に行っているかしており、友人が

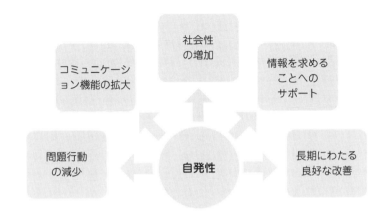

図4-1. 自発性の付随効果.

多く、宿泊旅行にも参加し、お誕生会にも加わり、電話のおしゃべりも活発であるなど、おおむね自閉症状がなくなっています。それにひきかえ経過の良くないケースでは、孤立していてボランティアや友人がおらず、無職のままで、高校も卒業せず、そのほとんどの子がその行動を管理されていました。もちろん、療育の結果は個々に大きく違います。私たちはこの両極端な結果に関心を持ったのです。そして今ではその疑問にひとつの答えを見出すことができるようになりました。

　その答えとは一体何なのでしょう？　われわれはビデオテープをすべて新型に変換して、いつでも繰り返し見られるようにし、状態を得点化しました。そうすると、良い経過の子どもたち全員、5歳までにことばを獲得し、IQが50をオーバーし、単語を組み合わせて短い文章を言うまでになっていました。もちろん、個人差が大きく、遊び、自傷行為、行動、反応性はそれぞれ一律ではありません。データ化してみると、子どもたちはいずれも聡明で質問にはちゃんと答えますが、経過が悪い子どもたちと良い子どもたちの間には際立った違いがひとつありました。とても良い経過を辿った子ど

もたちには、「自分から両親との交流を求める」という特徴がありました。親と一緒に遊ぼうと、親のところにおもちゃやその他のものを持ってくるのです。親に対してことばで交流を求め、指さしで注意引きをしようとします。就学前の時期にこのような「積極的自発性」に明らかな差があったのです。経過が良くないほうの子どもたちは、誰かのアプローチに敏感に反応するし、見かけは良いのですが、よくよく見ると自分のほうからのアプローチが少ないのです。これが大きな違いを作っているように思われました。積極的自発性が貧弱な子どもには、それを強める手続きをプログラムに含める必要性が明らかになったのです。

　次に「積極的自発性」が本当に影響を及ぼしているのかを確かめてみました。IQが50以上で、2語文が始まったばかりの経過がいまひとつの子どもたちを集め、一連の積極的自発性を指導し、長期の良好な経過を辿るかどうかを見てみたのです。

　介入法に関してわれわれはさんざん議論を重ねました。結果、「これ何？」と質問することを子どもに教えてみることにしました。というのは定型発達児にはこのような質問の形が多く見られ、問題行動を起こし続けている子どもたちが小さい時にはっきりと欠けている行動だからです。本を使ってものの名前を言うのは親たちにもやりやすいだろうと考えて、まずは本を使って始めてみました。ところが結果はさんざんでした。子どもたちは質問してくれず、興味を示しません。1週間、2週間と連日続けましたが、全くの徒労に終わりました。一晩議論を重ね、Koegel博士はモチベーションがもっと必要だろうという結論に至り、一度振り出しに戻りました。どうすれば楽しくなるのかを真剣に考えました。いろいろな試みの結果、ひとつの方法を採用しました。それは子どもの好きなおもちゃを集めて不透明なバックに入れておき、「これ何？」と子どもに要求することを促し、子どもが「これ何？」と言うことができたらバックからおもちゃを取り出してあげるというものです。ある意味、自閉症児には、社会的な行動はストレスにもなります。そのストレ

スのかかる行為の報酬として、子どもはバックから好みのおもちゃを手に入れます。おそらく子どもは「自分で行動してみようかな……」と思うはずです。この手続きで子どもたちは、初回のセッションまたはごく初期段階で質問をするようになりました。まれに長時間を要する場合もありましたが、それでも10セッションか12セッションだったのです。ほとんどの子どもたちは、数セッションで質問をするようになりました。興味深いことに、何人かの子どもたちは、「これは何？」という質問に答えようとし続けました。子どもたちはバックの中に入っているものを考えて「バック」や「キャンディ」などの答えを返すのでしょう。「これは何？」という大人からの質問にあまりに慣れているからです。しかし「これは何？」と言うこと自体を強化し続けると、はじめは答えることに苦闘していた子どもたちでさえも、最終的には「これは何？」ということばを使って私たちに質問をし始めるようになりました。大体４セッションもすると「これは何？」と一貫して質問できるようになり、その後はプロンプトをゆっくり減らし、最終的にはプロンプトなしでも質問が出るように少し待ってみる、という手順を踏みました。

　次の段階で、好きな対象物を減らし、子どもたちが名称を知らない対象物を加えていきました。好きな対象物の３つにひとつの割合で、好きでも嫌いでもないありきたりのものを加えたのです。次に数セッション後に３回に１回待ち時間を短縮、続けてバックの中は全部名称を知らないものばかり、最終的にバックをなくして対象物だけ、という手立てを取りました。すると、身辺にある名称を知らないものに対して「これ何？」と質問が出るまでになったのです。

　以上の研究の後、日常生活内でのデータを収集し、学校で、両親と一緒の家庭で、獲得したばかりの質問が使われていることを確認しました。くわえて質問によってすべての子どもたちの語彙が大幅に改善されることを確認したのです。その時われわれは舞い上がるほどの喜びを体験しました。子どもたちが知らないことばを日常生活の中で聞きつけて、介入にそのことばを取り入れ、好きな対象物

「これは何?」と子どもは自発的に質問をすることで、欲しいものがもらえたり、ことばの学習をすることになる。

の中にもそのことばの対象物を取り入れるようになったのです。また、名称を知らない対象物を介入セッションの中でも使うようになりました。うれしいことに、子どもたちは好き嫌いに関係なく、言語能力から情報を得るという新しいことができるようになりました。子どもたちの語彙力が大きく広がったのです。

　基本的に、いったん子どもたちが「これ何?」と質問するようになると、次の段階の質問を作り出していきます。残念ながら最初の「何?」という質問の指導に続いて、子どもたちは自発的に「誰?」「どうして?」「どこに?」などの5W1Hの質問のバリエーションを増やすことはできませんでした（定型発達児では、「これ何?」に続いてさまざまな質問を自発的に学んでくれます）。次に学ぶのは「どこ?」にしました。その指導のために、またも子どもの好きな対象物を集め、子どもたちの語彙にはない「前置詞」に相当するところに対象物を隠しました。例えば「くまのキャンディ」が大好きな子がいました。それを買ってきて、帽子の下（under）、足こぎ自動車の後ろ（behind）、お財布の中（inside）、ドールハウスの屋根の上（on top of）などいろいろなところに隠し、子どもに「どこ?」と言うように促しました。いったん「どこ?」と言えるようになると、隠し場所を教えてあげます。子どもたちは、

例えば「熊のグミキャンディ」など、大好きなものを探し出しました。子どもたちは前回よりもスムーズにこの2つ目の疑問詞を獲得しました。ほとんどの子が初回のセッションで「どこ？」を使えるようになったのです。

　指導した3つ目の疑問詞は「これは誰の？」です。小さなおもちゃ、キャンディ、その他大好きなものを集めて指導しました。子どもが「これは誰の？」と尋ねると、私たちは「あなたのもの！（Yours!）」と答えました。しかしそこで子どもが代名詞を逆転させて「私のもの！（Mine!）」と答えなければ、その子が欲しがっているものを渡しませんでした。代名詞の逆転は、自閉症の子どもたちには大きな問題です。「誰のもの？（Whose?）」は、質問を学ぶだけではなく、代名詞の逆転を学べるうってつけの方法なのです。「誰のもの？」と言えば大好きなものが手に入るようにして、子どもたちがいったん「誰のもの？」という質問をよく使って答えるようになったら、今度は子どもたち自身が特別欲しいものではない財布やペン、紙などのようなものを混ぜ込みました。そして子どもたちの「誰のもの？」という質問に、私たちは「私のもの！」と答えていきました。その中で子どもたちが「あなたのもの！（Yours!）」と返答できるようになれば、その財布やペンなどは、すぐに私たちの持ち物の中に戻していき、子どもは再び欲しいものを手に入れることができるようにしていきました。Mommy's（お母さんのもの）、Daddy's（お父さんのもの）、Lynn's（リンさんのもの）のように所有格の"s"（～のもの）に関しても同じ手続きで試みました。こうやって大好きな家族、友人、セラピストの所有物に関しても所有格を学ぶことができたのです。

　子どもたちが積極的に動詞を使う問題を考えてみましょう。多くの自閉症児は動詞を使う回数が定型発達児と比べて弱く、特に動詞の現在進行形"～ing"あるいは過去形"～ed"をほとんど使いません。単純な対話の時にも動詞をあまり使わないのです。動詞の語彙が乏しいのです。子ども自身が関心のあるトラック、列車、昆虫、

動物などの飛び出す絵本を使って、ツマミを引っぱって動かしながら「おや、今どうしている？（What's happening?：現在進行形)」と質問していきました。あるいはツマミを動かすのをやめて「おや、さっきどうしてたかな？（What happened?：過去形)」と質問しました。動詞と適切な動詞の語尾を提示し、飛び出す絵本が気に入れば動詞を反復させてから絵本のツマミを動かして遊ばせます。子どもたちは会話の時に重要なこの違いをすぐに学習し、同時に語彙が増加し、文法面の改善も示したのです。

最後に、子どもたちに、「見て！」と「教えて！」のことばを自発させることを指導しました。この２つのことばは、注意引きと助言要求の機能を果たし、特に「教えて！」は学習におおいに貢献します。自閉症児は難しい課題に直面するとフラストレーションを引き起こし、いろいろと支援が必要になります。園庭でお弁当箱を開けようとして、開けられないと自閉症児は乱暴に開けようとします。しばしばこうした光景を見ます。課題が難しかったり、行為が困難だったりすると、問題行動が出てきます。先生がやって来て「教えて」と言うように手助けをすれば、子どもはすぐに落ち着きます。どういうシナリオでこんなことが生ずるのでしょうか？　子どもは行動の手順を学んでいます。困ったことがあると、まずめそめそ泣く、あるいは大声で泣きます。そして問題行動を引き起こします。問題行動は先生の注意を引きつけることができるからです。次に先生が来て「『教えて』と言うのよ」と教えるのですが、その後、子どもの希望通りに困ったことを解決してしまいます。これでは「問題行動」と「子どもの希望」がくっついて（随伴し）、結果、問題行動が強化されてしまい、適切な手順を学習することはありません。はじめから「教えて！」とちゃんと言えるように学習すべきなのです。

また、積極的自発性行動を指導すると思わぬ効用があります。まず第１に、問題行動が少なくなり、われわれは問題行動を直接の標的にしなくてすむようになります。第２に積極的自発性行動はコミ

ュニケーションの良い機会にもなります。欲しいものややりたいことの要求、嫌なことの拒否がスムーズにできる以外に、情報探索のレパートリーを広げることができます。第3に積極的自発性は社会性を身につける最初のステップになります。ちょっと想像してみてください。社会性のない子どもは社会的な、言語によるコミュニケーションをしようとしません。積極的自発性は交流の絶好の機会なのです。子どもたちがいつでも積極的に自ら交流をはかろうとしていれば、成人までの長い間に社会人として成長していきます。積極的自発性は、明らかにピボタルにとって重要なもののひとつです。

積極的自発性の重要性を示すエビデンス

　介入を成功させるのに重要なのは、その介入がどれだけ長く持続できるか、ということである。さまざまな研究で、長期にわたり積極的自発性がいい状態で維持されることが成果のカギであることを示している。多くの研究者が社会性の積極的自発性がピボタルであることに注目している。定型発達児を見ると、生後すぐに実に多彩な積極的自発性を示している。1歳前から身辺のさまざまなものと人を凝視する。この活動は共同注意（joint attention）と呼ばれている。子どもたちは積極的自発性の活動と共同注意を活発にやっている。子どもたちは何かを指さすと、通常は対象物と指さした人とを交互に見るという反応を示す。ところが、自閉症スペクトラム児はそれを全くしない、またはたとえしたとしてもめったにしない（e.g., Mundy & Newell, 2007; Mundy & Sigman, 2006; Sheinkopf, Mundy, Claussen, & Willoughby, 2004; Travis. Sigman, & Ruskin, 2001; Vaughan Van Hecke et al, 2007）。いろいろな意味で共同注意は、ピボタルとして非常に重要である。発話が始まる前に人との交流活動が活

> **共同注意（Joint Attention）**
> 指さしや凝視によって、出来事や対象物に興味を共有し、人と対象物を交互に見る。

発になり、初語の発達の前兆として共同注意が出現する。共同注意は視線で交流したり、喜びを分かち合ったり、コミュニケーションを取ったり、社会的相互作用を作っていく。自閉症スペクトラム障がい児にはこうした活動が欠けているのです。

　自閉症児は共同注意に欠けているだけでなく、言語の使用が貧弱で、社会的交流に積極的にことばを使おうとしない。大雑把に言って、積極的自発性の欠如が深刻な発達障がいを作っているので、これこそがピボタルなのだと多くの研究者が指摘している。例えば、WetherbyとPrutting（1984）は、自閉症児は否定と要求のことばしか使わないと述べている。否定の例としては「いや」「あっち行け」「バイバイ」など、社会的交流への抵抗や終結の有効な手段として、要求の例としては「クッキーが欲しい、お願い！」など、かなり巧妙な強化子を求めるなどである。しかし否定や要求は最低限ではあるが、言語交流をしていることになるのだ。ということは、これらが出ているということは社会性の学習のチャンスがまさにそこにある。多くの場合、積極的自発性の指導といっても、大人側からの問いかけにただ答えているだけである。自閉症児の自発的言語は、あったとしても、自らの社会的発語はきわめて少ない。ましてや社会的な関心から、人から情報を求める質問などは皆無と言っていい。

　自閉症児は、おおむね社会的に自分のほうから発語することはない。その自閉症児たちの好奇心という概念の重要性に目を向けたのは、O'Neillたち（1987）であった。彼らは部屋に子どもの大好きなものが詰まっている箱をたくさん置いておき、子どもを部屋に入れるという実験を行った。まず定型発達児は社会規範に従い、日常生活のマナーを守り、誰も箱を開けたりしなかった。そして後ほど子どもたちは、箱は贈り物なので勝手に開けてはいけないと思ったと報告してくれた。部屋では適当に遊び、部屋の中をあちこち探索していた。それとは対照的に、自閉症児たちを同じ部屋に入れると、ひとつあるいは数個の箱を開け、中のおもちゃで遊び室内の家具類

で遊んだりしており、探索することをしなかった。自閉症児たちは、同年齢の定型発達児たちと比べて、社会規範を気にせず一部のおもちゃにしか関心を示さなかった。この大きな違いは、自閉症児たちの好奇心の矮小さを示していて、好奇心あるいは知的欲求の指導や動機づけの介入が必要であることを暗に示している。

　子どもたちの積極的自発性がいかに重要かというこの考えは、初期の研究領域を拡大した。多数の研究者たちは、いろいろなタイプの発達障がい児にいろいろな模倣行動を身につける試みとして質問をする指導をした（e.g., Guess, Sailor, & Baer, 1978; Guess, Sailor, Rutherford, & Baer, 1968; Twardosz & Baer, 1973）。この研究者たちは発達の原動力は模倣だと考えていた。この初期の研究は、理屈的にはおおいに納得できるのだが、自閉症児に質問をさせるのは難しかった。模倣や質問でいろいろな行動を学ばせることは可能だが、それを日常生活の中でやるには自閉症児たちはモチベーションを持ち合わせていない。この欠陥のため、その後この研究を続ける人は今ではほとんどいなくなってしまっている。

　ごく少数の研究者らが、自閉症児を対象にすばらしい成果を上げていた（e.g., Hung, 1977; Tayor & Harris, 1995）。しかし質問するようになり、特定の状況下で質問を般化するようにプロンプトできたとしても、プロンプトなしで質問したり、情報を得るためにモチベーションを高める徴候は見られなかった。だが、この方向の今後の研究は希望に満ちていて、質問をさまざまに展開させていく将来の研究に重要な基礎になるはずである。PRTのモチベーションの問題は、積極的自発性や質問の自発の問題に大きく貢献するはずである。すなわち介入にモチベーション操作を取り入れれば、子どもたちは情報入手を目的とした質問をするようになり、それは発達の道しるべになってくれる。社会的な積極性は社会性の発達を押し進め、補助として支えてくれるものである。

　モチベーション操作を取り入れるごく初期の研究で、「あれは何？」という質問を自閉症児に教えた（L.K. Koegel et. al., 1998）。

定型発達児は生後１年ほどの初語として、ほとんどが「あれは何？」と言うようになる。両親、養育者がその名称を言ってやると語彙がどんどん増えていく。ここで２つの疑問が生じた。自閉症児らは質問で情報を得るために他者に話しかけることを学べるだろうか？　質問することで知識を獲得できるだろうか？　この研究のために、われわれは質問がほとんどない、もしくは全くない子どもたちを集めた。ところがモチベーション操作を取り入れると、子どもたちは「これは何？」と聞くことを学習し、学習後も大人が質問の対象物の名称を答えてやるとどんどん語彙が増大した。重要なことは質問の仕方を覚えただけでなく、日常生活中で質問するモチベーションを高め始めたことである。例えば、家庭や学校で名称を知らない対象物に「何て言うの？」と質問するようになり、セラピー以外での学習が始まったのだ。このことで発達の希望がふくらみ始めたのである。モチベーション操作によって「勉強をすることが好き」になり、人との交流が頻繁となり、質問が生活の一部となった。質問は情報入手の手段になり、セラピー以外の日常生活内で学習の効果が高まったのである。
　はっきりとしたデータがあるわけではないが、質問は語彙の増加だけでなく問題行動の減少という大きな成果をもたらすものでもあった。例えば、ある定型発達の子どもが、自分の身長では取れない高さの棚の上に好きなお菓子があり、子どもはお菓子の名前を知らず、もちろんイライラして泣き出す。しかも母親はイライラの原因がわからない。ところが突然子どもは泣きやんで、棚の上のお菓子を指さして「あれ何？」と質問したのだ。母親は「グラノーラ（穀類のお菓子）よ」と答えた。一瞬の間があり子どもは「グラノーラが欲しいの」と言ったのだ。その子が３歳半の時で「あれ何？」を教えられる以前のことである。以前にそんな質問は一度もしたことがなかった。語彙の増加だけでなく質問ができるようになれば、フラストレーションが少なくなり問題行動もしなくなる。質問をするようになると、子どもの日常の行動全体に影響があり、学習のチャ

ンスが増え、効果が広範囲に及ぶことになる。こうして、対社会的な積極的自発性、特に質問をすることがピボタル領域なのかを確かめる研究をわれわれはスタートさせた。

　研究の次の段階で、モチベーション手続きを使いながら「あれ何？」を教えた時と同じように、別の疑問詞を取り上げてみた（L.K. Koegel et. al., 2010）。語彙が豊富で単文で話せるが「どこに？」の疑問詞が話せない子どもたちを集めた。第1段階の研究と同じように、子どもたちは容易に短期間で「どこに？」を学習した。実際にやってみると、前置詞に特化した訓練をしなくても、前置詞の獲得をスムーズに達成した。モチベーション操作をしているので、子どもたちは進んでこの介入を受け入れ喜んでくれる。子どもたちは「どこに？」と質問して、お母さんが「あなたの好きな熊ちゃんのグミはお弁当箱の中（in）よ」と答え、それを見つけて大好物を食べる。こんな条件の下で、子どもたちは前置詞のinを学習した。ここでもやはり、以前にはよくフラストレーションを起こしていた事態だったのだが、自発的に質問するようになり問題行動が減少した。

　質問に関する第3段階の研究で、L.K. Koegel、Carterら（2003）は「何をしているの？（What's happening?）」と「何があったの？（What happened?）」の2つの質問を取り上げた。普通自閉症児たちはこんな質問をすることはなく、ほとんど動詞を口にしない。子どもたちはこうした質問を簡単に学習し、質問ができるようになり、正しく動詞の語尾（～ingや～ed）が使えるようになると動詞の語彙が増大した。ほとんどのケースで、子どもたちが「何があったの？」と親に質問した際に動詞で答えると、動詞の意味を指導したことがなくともその意味を理解し、しかも短期間で学習した。

　研究が進むに従って、手続きの組み合わせは可能だろうか、この新手続きを従来のモチベーション操作と統合できるだろうか、と考え、そこでさまざまなアイデアが浮かんだ。組み合わせて介入すれば、学習・発達に大きな効果があり、ピボタル領域になるだろうと

考えた（L.K. Koegel et. al., 1999）。

　長年にわたり、まったく同じ介入を受けているのに、結果が大きく異なる子どもたちを詳細に検討した。就学前のビデオテープで特徴の違いを分析すると、ひとつのグループでは長期にわたり極端に良い状態が続き、別のグループは乏しい状態が続き、社会的な場面ではほとんど、または全く積極的自発性を示さなかった。注目すべき点は、積極的自発性の低い子どもたちが、家庭・臨床施設・学校などで良好で総合的な介入を受けた経過良好の子どもたちと、言語年齢・言語検査のスコアに差がなかったことである。唯一異なるのは、社会的場面での積極的自発性だけであった。ある子は、玩具で遊んだり両親との相互交流中に、1分に平均3回の対人発話があったのだ。

　2つのグループで大きな違いを示したのだが、初回面接で特別な違いはなかったのである。正直に言うと、全体的に両グループともおおむね同じ印象であった。例えば、介入前では両グループとも質問に適切に答えていたし、高機能という印象であった。初回面接での違いは、強いて言えば、経過の良くなかった子どもたちは遊びが消極的で、誰かが働きかけない限りひとりぼっちであったことである。社会性が乏しく依存する様子がうかがえず、特定のセッション以外には学ぶということがなかった。それとは対照的に、相互交流のある子どもたちは、ほぼ毎日学習活動が続き、これが長期間継続して良好な状態を作った原因と思われた。

　すなわち、社会的場面での積極的自発性が介入におけるピボタル領域であることを示唆している。これがわれわれの研究における第2段階であった。積極的自発性をほとんど、または全く示さない子どもたちに、社会的場面でさまざまな積極的自発性を示せるように指導できるかどうかを試みた。第1段階の研究を再現するために、ほぼ同様の言語レベルで同様の行動レベルの子どもたちを集めた。この子たちにいろいろな交流を積極的に自分から始めることを指導した。例えば、自分の行為に注意を引きつけるために「見てよ」と

言わせたり、難しい課題をしている時に「手伝ってよ」と言わせたりしたことである。数年にわたりデータを集め、うれしいことに第１段階の研究の積極的自発性を示したグループと類似の結果を出すことができたのだ。子どもたちは、友情を育み、親友ができて、パーティに招待され、友人の家に泊まりにいき、友人から電話があり、普通学級で良い成績をとるまでになった。われわれは理想を実現したのだった。

　こうした成果は、モチベーションこそが積極的自発性の発達に不可欠なピボタル領域であることを示唆している。すなわち初期の研究では、積極的自発性の獲得は可能だが社会的なモチベーションはなかなか出来上がらない。L.K. Koegel ら（1999）は、積極的自発性へのモチベーションの向上が可能だと主張した。可能であればコミュニケーション相手と指示の対象物とを直接の指導なしに交互に見つめる、すなわち「共同注意」ができるはずである。Bruinsma（2004）、Vismara と Lyons（2007）はこれをテストした。この研究では PRT によってモチベーションを高め、直接的介入なしで共同注意が生ずるかどうかを確かめた。ほぼ２カ月後に、両者とも共同注意が生ずるのを確認した。Vismara と Lyons（2007）の研究では、当初から遊ぶのが大好きな対象物にはすぐに共同注意を示し、モチベーションが発達に重要なピボタル領域であると指摘している。

　また、われわれはまったく別の角度からモチベーションの問題を取り上げている（R.L. Koegel et. al., 2009）。報酬に社会的要素を組み入れてみた。例えば、トランポリンの跳躍が好きならば、別の子と一緒にトランポリンができるというように、報酬に社会性を取り入れてみた。報酬に社会性を取り入れると、社会的な積極的自発性のモチベーションがおおいに高まった。

　いずれにおいても、社会的な積極的自発性を身につけさせると、モチベーションの高まりがピボタルになるということを示す研究結果が出た。モチベーションがいったん学習に組み入れられると、多彩な積極的自発性が身につき、長期にわたるプラスの結果が生み出

> **迷信**：自閉症児は、直接的介入がなくても、年齢とともにコミュニケーション能力を身につけていきます。
>
> **真実**：適切な介入があれば、自閉症スペクトラム児は、要求や拒否のコミュニケーションができるようになります。
>
> **迷信**：自閉症スペクトラム児は孤独が好きなのです。
>
> **真実**：自閉症スペクトラム児は、親友や親しい人間関係を望んでいるが、介入者がいないと、社会的交流ができません。
>
> **真実**：自閉症児は、社会的交流のモチベーションを身につけることができます。
>
> **真実**：モチベーションアップの介入があれば、自閉症児は、介入者なしで、さまざまな相互交流が可能になります。

される。根底にモチベーションがあり、その上に積極的自発性というピボタル行動がある。そしてそこから、言語発達、社会性の能力、多種多様の知識の獲得に積極的自発性と重要な要素が拡大し続けるのである。

日常生活内での成長

以上で、積極的自発性の重要さが理解できたと思います。家庭で、学校で、地域社会の中で、日常生活の中でそれをどう獲得させるかについて考えてみましょう。

「質問行動」への支援

もし、生徒や子どもが、あまり、または全く質問をしないならば、質問ができるようにたっぷり時間を費やすべきです。通学の行き帰りに「そこに何があるの？」「それは何？」と質問を促し、お財布やバックに関心を向けさせます。食器棚から茶色のバックを取り出

し、好きなアイテムをいっぱい詰め込み、「何？」の質問を促します。定型発達児と一緒の統合クラスで、バックにいろいろな教材をいっぱいに詰め込み、集団指導の時間に全員にひとつひとつ質問をします。子どもたちが質問にのってき始めたら、大好きなアイテムをゆっくり減らしていきます。「どこにあるの？」と子どもから質問が出るように大好きなものを隠したり、ゲームの駒を隠したりして家や教室で宝探しをします。すると最低１回は、積極的自発性の質問をすることになります。

　「見て」「助けて」という注意引きの積極的自発性のことばは、子どもの日常生活を大きく変えることになります。なぜ自閉症児は注意を引こうとしているのでしょうか？　彼らはいつも人を避けているように見えます。確かにそういう時もあるのですが、今まで紹介してきたモチベーションのすべてを思い出してみてください。発話が若干難しくても、話すことで望んだ結果になることを学習すべきなのです。これはほとんどすべてのことに当てはまります。このことですべてのことが変化していきます。決してマイナスに働いたりせず、単なる訓練をしているわけでもありません。たとえその子には難しかったとしても、その子にとっては好きなものが出てくるので逆効果にはなりません。質問の時と同様に、社会性の発達に貢献し、報酬を使うので、学習はより容易になります。「見て！」を教える一番簡単な方法は、子どもが心から楽しいと感じた活動あるいはおもちゃなどに出合った時を捉えていくことです。滑り台で遊んだり、ミニカーをスロープで転がすなどの楽しい行動を見つけることです。ところが今までのやり方では「ママを見て！」「パパを見て！」「Susieを見て！」と見ることを促した後に、「どんな色かな？」「Carのつづりは？」などの質問を付けてまるでテストの課題のようなことをしていました。そんなことをするとそれから後には「見て！」も「教えて！」も言わなくなってしまいます。単純に楽しい活動をしている時に「オオッ！」「ミニカースゴーイ！」と言えばいいだけなのです。はっきり「これ何？」と質問してき

たら答えを言えばいいだけです。「きみは何だと思う？」などと質問に対して質問を返すのでは全く意味がなくなってしまいます。「何？」と聞いてきたら、名前を言えばいいだけです。質問の延長線上で「金槌で何をするの？」という質問は、子どもに嫌われるだけです。やさしく、単純に、強制事態を避けるべきなのです。子どもが積極的自発性を示したら、すべてにやさしく、モチベーションを向上させることに徹し、社会的コミュニケーションの交流を楽しく維持するようにしていくのです。

「助けて！」を教えようとすると、「助けて！」の状態を作り出さなくてはならないので、どうしてもちょっとした欲求不満を持ってしまいます。しかし、問題行動の発火点にはなりません。「助けて！」を促しさえすればいいのです。促しの効果が出てきたら「た！」とだけ言ったり、また目線で訴えたり、「助けて！」の信号を示しさえすれば、促すことを少しずつやめていきます。「助けて！」をいつでも使えるように練習してできるようになると、その単語を発することが「自動化」され、葛藤状態や困難状態になったらスムーズに「助けて！」が出るようになります。もしたまたま問題行動が出たら、無視するだけで、良好な適応行動に切り替わるはずです。

年長児童、青年、成人の会話の発達

年長児童、青年、成人では、社会的対話の発達のカギは質問です。多くの自閉症やアスペルガー症候群の青年や成人は、社会的会話に参加することが難しいのです。会話を始めたり維持するのが苦手です。質問が苦手で、なぜかぎこちない沈黙があり、一方通行の話になります。われわれはセルフマネジメント、ビデオセルフモデリングの手法を使って、青年、成人を対象に長年研究を重ねてきました。質問の指導は、社会場面での会話の改善に非常に有効でした。実践場面で、質問を誘導してより具体的なセリフをルールとして

定めておくのです。われわれはこれを「誘導セリフ（leading statement）」と呼んでいます。例えば、「今日の昼食は豪華版だった」と言って、間をおきます。介入に先だって、少し長めの間をおくのです。あるいは、セッション終了後にテープを止め、次のように質問します。「ここで何か質問がありますか？」必要ならヒントを出します。昼食ということばで、いろいろなことばが誘導されていきます。例えば、「何を食べたの？」「どこで食べたの？」と会話が続いていくのです。「いい週末だったんだよ」「最高の夏休みだったんだよ」「楽しい週末の予定があるんだ」「来週は郊外へ行くんだ」。こうした誘導セリフは、たくさんのセリフを生み出してくれます。通常、いろんな質問のヒントを出しながら始め、会話の相手のことばに関係する質問ができるようになるにつれて、ヒントを減らしていきます。質問の適切さについてフィードバックを与える必要があるのです。時々会話の話題に無関係な質問をすることがあります。適切な会話の相手になるにはフィードバックが重要なのです。自閉症やアスペルガー症候群の人は、良い聞き手にならなければならないことを学ぶ必要があり、相手の話題に関心を示し、共感を示す聞き手であることをわかってもらう必要があるのです。

　言うまでもなく、話を振られたら、会話の積極的自発性のチャンスで、趣味、地域のイベント、地域のニュース、読書、仕事など、共通の話題の話をします。そうした話題は、本屋へ行った話や、美術館に行った、スポーツ観戦など、話したことと関係する質問にもつながっていきます。自閉症スペクトラムの人には質問や子どもたちが話したことと関係する話題から会話を始めるのがいいでしょう。日常生活での質問がカギなのです。成人同士ならば、地域のイベントやレストラン、バーや喫茶店、楽しい行き先などの話題がいいでしょう。相手が高校生以上なら、他所からの学生ボランティアに会話の相手をしてもらいましょう。スポーツの試合やダンス大会などの学校行事に参加します。一緒にちょっとした遠足にも付き合ってもらいます。初対面のボランティアのほうが、新鮮なのでいいでし

ょう。時間をかけ、経験を積むと会話が上手になり、デートができるようになったり親友ができたりします。それは決して夢ではありません。

　Meliはかわいらしい4歳の女の子で、質問を一切しません。語彙は豊富で、100まで数え、文字はすべて読めるのに、「クッキーが欲しい」などの単純な文章しか話せません。われわれは質問でコミュニケーションが大幅に改善するはずだと考えました。「質問」を標的行動と定めたのです。しかし、Meliの場合には、質問を教えようとしてもなかなかうまくいきませんでした。彼女の大好きなもの、赤いテディベア（赤がお気に入り）、レゴブロック、小さなぬいぐるみの動物、イヌのフィギュアなどを集めて不透明のバックに入れ、まだ数を数えられない月齢の他の子どもと一緒に、Meliにバックを使って質問を教えました。セラピストがバックの中を見ながら、「何が入ってる？」と質問するように促してみました。ところがMeliは、「バック」、次に「キャンディ」、その次に「イヌ」と言い、「何が入ってる？」という質問ではなく答えのほうを言ってしまうのです。対象物の名前を言ってしまう失敗を数試行続けた後に、「Meli、『何が入っているの？』って言えないのかな？」と言ってみました。彼女は答えられませんでした。何度か聞いてみましたが、返事はありませんでした。そこで彼女に「『テディベア』と言って～」（Can you say ～ ?）と言うと、すぐに「テディベア、ムムムムム～」とは言える。われわれは途方に暮れてしまいました。「『いす』って言える？」。「いす」と答えます。「『つくえ』って言える？」。「つくえ」と答えます。ところが、「『そら』と大きな声で言ってごらん」。無言でした。数回しても同じだったのです。
　Meliは目に見えることは反復できるが、目に見えないものは反復できないということがわかりました。われわれは、Meliに対してバックを見せて「あれ」と言いました。彼女も「あれ」と言い、好きな対象物を取り出します。これがスムーズにできるまで繰り返

し、「あれ」に「何？」を付け加え、「あれは何？」を繰り返しました。この事例はまったく不可解なことがありました。最初の質問が出るまでは一緒の子どもたちの平均よりも長い時間を必要としながら、他の疑問詞の獲得はスムーズだったのです。学校、ベビーシッターの家の近くの雑貨店で、いろいろなところで器用に疑問詞を使うようになりました。他児たちと変わりのない良好な発達を示したのです。Meliは重要なことを示してくれました。ワンサイズでは全員にぴったりとはいきません。それぞれ身長や体重が違うように、人には個性があるのです。介入はその人に合った形、MeliにはMeliに合った介入でなければならないのです。

> **Q. みなさんはこれらのことができていますか？**
>
> ☐ ☐ ☐ ☐ ☐ ☐ ☐ ☐
>
> **ご両親に向けて**
> 1. 子どもは質問をしますか？
> 2. 日常生活で子どもはたくさん質問をし、学習をしていますか？
> 3. 子どもはいろいろな種類の疑問詞を使っていますか？
> 4. 両親のしていることを見て質問したり、積極的自発性で相互交流しますか？
>
> **先生に向けて**
> 1. 教師として質問がたくさん出るように環境整備をしていますか？
> 2. 生徒たちの質問にきちんと答えていますか？
> 3. 生徒同士で質問をしていますか？
> 4. 好奇心を鼓舞していますか？
> 5. 命令ではなく、積極的に相互交流を求めていますか？　回避的でなく、積極的自発性の相互作用を求めていますか？

II

いつ、
どのように、
介入すればいいのか

How and When to Implement Treatment ?

第5章

家族関係の改善方法

　Bennyは先月3歳になったばかりです。彼は2歳半の時に自閉症と診断されました。診断当時、ほんのわずかのことばしか話せず、「ダメ」と言われて、やりたいことを中断されると、狂ったように泣き叫び、癇癪を起こし、うつ伏せになり、壁を叩いたりで、それはひどいものでした。ABAの介入に保険会社からかなりのお金が出るので、それに貯蓄からかなりの金額を足して、地下室を掃除し、壁を塗り替え、新しいカーペットと家具を購入し、指導の場所としました。セラピストたちは最初、Bennyをしきりに椅子に座らせようとしましたが、多くの問題行動を引き起こすだけでした。セラピストは両親にセッション中には付き添わないように要求しました。両親は子どものセッション中、一緒にいたかったのですが、とにかくひどい状態になるので、地下室にビデオカメラを設置し録画を見ることにしました。診断以来、少しずつ成長し、癇癪を起こさなくなり、新しい単語も少しずつ学習するようになりました。しっかり結果を出すので、両親はセラピストを全面的に信頼しています。しかしセラピストがいなくなると、途端に泣いて、癇癪を起こし、以前のパターンに戻ってしまいます。親は1週間に40時間、Bennyに介入してくれるセラピストがいてくれることがラッキーだと思っていましたが、セラピストの介入の時以外はまだ何もできません。Bennyの親が私たちに電話をかけてきた理由がわかりますか？

　この原因は簡単なことです。Bennyの親を介入から遠ざけたこ

とです。これにはいくつかの理由があります。自閉症児の養育には、親が改めて最初から学ばなければならないことがあるのです。自閉症児は、定型発達児と同じではうまく育ってくれません。親は介入過程をよくよく観察し、どう行動すればいいのか、日々の生活の中での適応行動をどう促せばいいのかを学ぶ必要があります。

　Bennyの例を見てみましょう。介入はすべてセラピストによって行われていたので、Bennyの親はコミュニケーションや社会性の行動をどう促せばいいのかをまったく学習していませんでした。さらに悪いことに、Bennyへの介入は地下室の小さなテーブルで行われていたために、獲得された行動が日常生活中で発揮されなかったのです。

　普通の養育では自閉症スペクトラム児には通用せず、親には特殊な教え方が必要です。定型発達児は普通、親の脅しに対して敏感に反応します。「3つ数えるまでにおもちゃを片付けなさい！」「3つ数えたらお出かけしますよ！」「泣くのをやめないなら、自分の部屋へ行きなさい！」などで行動コントロールができます。動物園などで、子どもに、「ちゃんと列に並びなさい！　ルールを守れない人は向こうのお巡りさんが来て、逮捕されますよ」と親が叫んでいるのが聞こえてきます。これはお薦めできる親子の交流ではありませんが、ちゃんとしつけにはなっているのです。親は脅しているつもりではなく、子どももお巡りさんが来るわけがないことを知っています。定型発達児では、こんな適当な脅しでしつけが成立するのです。ところが自閉症スペクトラム児ではこれが通用しません。自閉症児たちは社会性に困難があり、相手の意図を理解できません。「みんなが見てるよ！　恥ずかしいよ！」というセリフでは到底しつけはできません。親はちゃんと効果があるやり方を学ばなければなりません。子どもと長時間一緒に過ごす人たち、叔父、叔母、祖母、祖父、お手伝いさん、ベビーシッター、介助教員、担任教師などは、自閉症児への対応の仕方を学ぶ必要があるのです。自閉症児は広範囲、四六時中一貫して安定した治療環境に囲まれていると、

家族関係の改善方法 第5章

```
┌─────────────────────────────┐
│   日常生活内での介入          │
│ いろいろなスキルが必要な環境で実施する │
└─────────────────────────────┘
    ┌──────┐          ┌──────┐
    │ 家庭で │          │外出先で│
    └──────┘          └──────┘
  ┌──────────┐     ┌──────────┐
  │布団を敷く時に│     │ コンビニで  │
  │ 夕食時に   │     │公園での遊びで│
  └──────────┘     │ レストランで │
                   └──────────┘
```

図5-1.どうやって自然の出来事の中で介入を実行できるのだろうか？

大きく変わっていきます。そして、両親は子どもに振り回される生活から脱却し、安らかな生活を取り戻すことができます。両親は、常に心がけて学習の機会を作るようにします。というのは、自閉症の子どもたちは一般に、人にアプローチをしようとせず、何かを教えてもらうために質問をしたりはしません。ライフスタイルをがらりと変えて、本書のあちこちで強調しているように、何ごとについても楽しくやることが肝心なのです。

　もしあなたが教師あるいはセラピストであれば、クライエントの家族へ基本的にきっちり働きかけることがこの上なく重要です。家族への支援で最も重要なことは、「フィードバック」です。介入手続きを明確に示し、家族にもその手続きを実施してもらい、結果のフィードバックをきちんとする。子どもに指示を出したら、親もその指示に従い、どんな状況で学習すればいいのか、モチベーションをアップするためにはどうすればいいのか、その手続きを明示しましょう。終始一貫した介入を実現するには、親たちも標的行動をよく理解していて、何をどうすればいいのかを知っていることです。両親が多忙で、それが不可能なら、別の手段で接触を工夫すべきです。定期的な電話、ビデオ録画、家庭訪問、連絡帳、メールなどを活用しましょう。介入者と親とが同じ目標を持ち、同じ目標達成の手段を持つならば、必ず子どもは良い状態になってくれます。親

> **家族の関与**
>
> **標的行動**
> - 標的行動の発達に親を関与させる。
> - 標的行動に最後まで親を関与させ、対処法を維持する。
> - 行動の強度に注目する。
>
> **介入法を明らかにする**
> - 親を介入計画の段階から関与させる。
> - 行動のあらゆる側面を明確にして、介入手続きを明確にする。
>
> **フィードバックをする**
> - 家族の価値観、習慣、要求に合わせる。
> - 個々の改善とともに全体的なプラス面もフィードバックする。

が一方的に自分たちの価値観で目標を選択しても、一致があれば良好な結果になります。目標がわれわれと異なっていても、家族の目標は家族の文化や価値観にとって大切なものです。一方われわれにとって大切なのは、あくまでも介入の成果です。Koegel女史は昔、"v"の発音が言えない幼稚園児を扱ったことがあります。彼女は発音の問題よりもずっと深刻な行動上の問題がたくさんあると思ったのですが、親は発音の問題を強調して譲りませんでした。子どもの名前が、Davidと"v"の付く名前だったのです。誰かに名前を聞かれて言うと、相手はその発音は違うと訂正をしてくるので、それがいつもフラストレーションになっていました。名前を正確に言えるようになることが、両親にとって最優先事項だったのです。自分の名前を正しく言えるようになると、両親は大喜びで、他の問題行動への関与を進んでするようになりました。セラピスト側には"v"の発音は最優先の標的行動ではありませんでしたが、家族にとっては最重要の行動だったのです。

　親であれば、Bennyの親と同じことをするでしょう。セッション参加の主張をしたほうがいいのです。参加を拒否されるなら、別のプログラムを探したほうが良い。親の話も聞いてくれる良い施設、良いスタッフのところに行きましょう。そこでは、子どもを最高の状態にするための終始一貫の最新の環境が整えられています。学習

の効率が最高によく、多彩な環境、多彩な設備、各種のスタッフがいて、自閉症児に最高の支援がなされている。さらに昼間だけでなく、不眠症があれば、夜間でも介入がなされています。一緒に一体となって、継続的に前向きで、何より子どものための環境整備をしています。

今までの親教育の歴史

　科学の発見は、通常、電光石火で成し遂げられるものではありません。それは慎重な努力の成果であり、実験で解明された発見は、綿密な科学の基礎に基づくものです。治療パッケージには長い歴史があります。科学的な土台のための長い時間は、伊達や酔狂ではなく、必然なのです。提供される介入が事実無根のハッタリだったり、いかにも科学的に聞こえるだけのものだったりすると、悲惨なことになります。そんなアプローチに頼ることは、砂上の楼閣のようなもので、いつ崩れるかわからない危険なものです。われわれは、効果がないことを回避して、有効性を証明しなければならないのです。有効性について訴えられ、裁判沙汰になったことは過去に何度もあったのです。

　自閉症治療のごく初期の、最も不名誉なアプローチは、なんの根拠もない理論に基づくものでした。1943年出版の自閉症に関するKannerの論文が根拠のない理論に基づくものでした。Kannerはそこで冷たい性格で、養育に欠けた親の特性「冷蔵庫のような母親」が原因だと主張していたのです。この考えは後に、Bruno Bettelheimが『*The Empty Fortress: Infantile Autism and the Birth of the Self*』（1967）［邦訳『うつろな砦（1）（2）』黒丸正四郎訳　みすず書房（1973，1975）］の中で詳細に論じています。このアプローチは精神分析理論に基づき、子どもにトラウマになるような育児をして自閉症になるのだと主張しています。

　この提言は広く支持され、数十年間もの長い間受け入れられてき

||||||||||||||||||||||||||||||||||||||||||||||||||||||||||||||||||||||||||||
迷信：親は子どもの自閉症発症の原因である。
真実：親は子どもの自閉症状の解消に貢献してくれる。
||||||||||||||||||||||||||||||||||||||||||||||||||||||||||||||||||||||||||||

たのです。自閉症の子どもたちはその親に問題があり、子どもたちに故意か偶然のどちらかでトラウマを与えた（もしくは苦しめた）と思い込んでいました。この精神分析理論は多くの書籍が出版され、数十年にわたり主要な自閉症の治療法だったのです。親たちにとってこれは悲惨な話であり、親自身もその理論を信じたのです。

　こうした思いこみは、悲劇的な誤解となりました。科学的な事実が明らかになり、理論が修正され、自閉症児の親たちは、定型発達児の親と比較して、特に精神的な面で問題があるわけではないことが明らかになったのです（R.L. Koegel, Schreibman, O'Neill, & Burke, 1983）。1980年代の前半までは、自閉症の原因は母親だと言われていたので、親たちは深刻なストレス状態で、抑うつ状態で、われわれの施設に来るのが普通でした。あるひとりの母親は、「子どもに対して親はどうしたらいいのか？」と医師に尋ねたら、「あなたは十分に頑張った」と言われ、子どもを精神病院に入れるように紹介状を書くだけだった、というのです。原因は母親にあると考え、この医者はまず母と子を引き離すことが先決だと考えたのでしょう。悲惨な時代だったのです。

　私たちのごく早期の頃の研究でも、その他の研究でも、ほとんどの親たちは、心理的になんの問題もなく、完全に定型的であることが確認されています。興味深いことに、その後のいくつもの研究でも、親が自閉症の原因ではないことをより直接的に明らかにしています。現在ではそれとは逆に、介入への親の参加は子どもの改善に不可欠であることが明らかになっています。介入への参加、介入への協力は、PRTの重要要素のひとつなのです。

　特定のエビデンス・ベーストに基づくようになると、研究は一気

に進み、子どもに大幅な改善を得るには、親の働きが重要だということが明らかになりました。ごく初期の段階でLovaasら（1973）は、長期のフォローアップデータに興味深いパターンがあることに気づいたのです。ここで子どもたちを２つのグループに分けました。市民病院の病棟で集中介入のプログラムで治療を受けるグループと、外来の介入セッションで親と一緒に緩やかな介入プログラムで治療を受けるグループにです。この研究から興味深い結果が出たのです。介入後のテストでは、驚いたことに両グループほぼ同等の効果が出たのです。なぜ驚いたかというと、正規の訓練を受け、高度の技術を身につけた臨床医の介入時間がかなり多かった病棟の集中介入のプログラムでの治療グループと同様の効果を、緩やかな介入である親と一緒の外来通所グループが出したからなのです。さらに驚いたことに、介入終了後のフォローアップ時に、両グループに大きな違いが現れた。信じられないかもしれませんが、１日24時間、週７日、集中介入を受けたグループは、市民病院退院後、フォローアップの期間にほとんどの成果が消失してしまった。それとは対照的に、介入は弱かったのですが、親がアシスタントを勤めたほうの子どもたちは、成果の消失がなく、改善がさらに持続していたのです！

　この発見は重要な意味を持っています。というのは、病院でのアシスタントの経験が家庭でも維持されることを示しているからです。この研究がきっかけで、親教育をシステマチックに組み入れたいろいろな治療パッケージの開発が始まりました。われわれも、国立精神衛生研究所（National Institute of Mental Health）の支援を受けて、研究プロジェクトを立ち上げました。ひとつのグループは、臨床医だけで介入を行い、別のグループでは、臨床医の支援を受けながら子どもの親が同じ介入を行いました（R.L. Koegel, Schreibman, Britten, Burke, & O'Nell, 1982）。結果は、10年前の家族に関するLovaasら（1973）とほぼ一致するものでした。臨床医だけの介入では改善はあるが、子どもたちは学んだ行動を相手が異なり環境が異なるとほとんど改善した行動を示すことがなく、時間が経つ

と消失してしまいます。介入に親のアシストがある場合には、事態が変わっても成果が維持され、時間が経っても、変わらなかったのです。

親がアシスタントとして介入に加わる効果に注目したのはわれわれだけではありませんでした。われわれとは直接関係しない研究所の研究者たちも同じことに気づいていました。例えば、PRTの自然言語パラダイムバージョン（Natural Language Paradigm version of PRT）では、親たちが訓練を受けて、子どもたちの言語と遊びが改善しました（Gillett & LeBlanc, 2007）。Baker-Ericzénら（2007）は、親たち、時には何百人の親たちに対して地域社会の中でトレーニングを実施し、大きな成果を上げ、大学のセンター外での大集団の地域社会の中でPRTの実施がすばらしい成果を上げることを示しています。また別の大規模実践の例としては、「子どもへのPRTの指導の仕方を簡単に教える手続き」でのPRTの実践

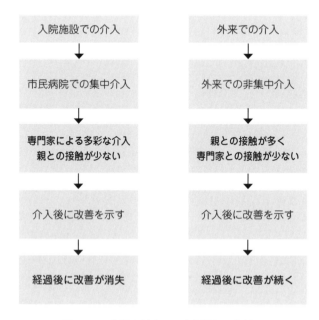

図5-2．入院と外来での介入過程の比較．

が効果を上げています。これは、家族と専門家との共同作業で実践し、カナダのノバスコシア州で実践を敢行しています（Bryson et al., 2007）。親たちと専門家が共同でPRTを実践し、大きなスケールでの成果を上げているのです。

さらに1988年には、Laski、Charlop-Christy、SchreibmanはPRTの概略を学ぶと、子どもたちの改善が大幅に進むという論文を発表しています。興味深いことには、親がPRTの実施法を学ぶと、子どもが改善されるだけでなく、家族全員のコミュニケーションが良くなり、幸福度が高まり、相互交流が改善されるのです（L.K. Koegel et al., 1996; Schreibman et al., 1991）。すなわち、旧来のドリル式の訓練よりも、PRTを使うほうが精神的にはずっと良い状態が維持されます。われわれも、親がPRTを使うと家族全員の相互交流がよくなります。特に外来での介入グループは夕食時の家族交流が顕著でした。相互にリラックスして、家族全員の満足感が高まったのです。

この研究の延長のひとつとして、私たちの療育センターから遠く離れた地域に住む親たちを対象に、1週間の集中訓練のプログラムでPRTによる指導法の研修会をしました。結果、子どもたちは大

- 家族の相互交流の改善
- 子どもの発達促進
- 母子関係の向上
- 子どもに関係する人たち（担任など）の訓練能力の向上

- 親のストレス軽減
- 無駄で無意味なやりとりの削減

図5-3．家族関与の副次的効果．

図5-4. 介入のカギになる親.

幅に改善し、満足すべき結果が得られました（R.L. Koegel, Symon, & Koegel, 2002）。さらに、親たちの満足度もあらゆる面で良好でした。特に専門家がいない僻地なので、帰郷後も効果が維持されることに喜んだのです。家族にとって2つの点で大きな効果がありました。ひとつは、親でもPRTの介入を間違わずに実行できることで、遠方の療育センターでも子どもの行動変容が可能であることです。2つ目は、1週間、フルタイムで家族が親教育のプログラムに参加すると、子どもも親も生活全体の質が向上するのです。PRTの訓練を受けた親たちは、地域に帰って他の人たち、例えば学校の担任などにPRTを教えて、想像以上の効果を上げているケースもありました（Symmon, 2005）。

　この結果は、PRTの実施チームに親を正規のメンバーに加えるべきということを示しています。親たちと専門家たちとの間に強い仲間意識ができるようになります。例えば、家庭と学校との協力で、親がリラックスし、良い雰囲気で子どもたちの教科を進めれば（予習をすれば）、子どもたちの問題行動は少なくなり、学校での授業

> **迷信**：自閉症児は専門家の指導が必要です。親はしばしば学習過程を妨害します。
>
> **真実**：親が介入手続きをちゃんと学ばなければ、自閉症児たちの学習はノロノロで、学習成果の般化も維持も貧弱になります。

が進むのです（L.K. Koegel, Koegel, Frea, & Green-Hopkins, 2003）。親が専門家の助手役を果たす場合の効果を見続けて、Brookman-Frazee（2004）は、「専門家が介入の主役を果たす場合」と「専門家が親の介入の仕方に助言するだけの場合」との違いを分析しました。ご想像通り、子どもはいずれでもちゃんと学習をしましたが、親は専門家がするよりも共同作業でするほうを喜んだのです。同時進行で、子どもの担任に友人になってくれそうなクラスメートを選んでもらい、親に遊びの約束をうまくアレンジすることで、社会性の成長があるかどうかを試みました。この親と専門家のコラボレーションにおいては、社会的行動に劇的な改善が見られました。また仲間との間に、強い友人関係を作ることができたのです（R.L. Koegel, Werner, Vismara, & Koegel, 2005）。

　全体的に見て、これらの研究ははっきりと次の事実を示しています。介入全体に積極的に親が参加するほうが、子どもの改善に、家族全員の生活の質向上に、貢献します。PRTへの親の参加は無駄ではなく、介入成功のための要になるのです。

日常生活での PRT の実行

　サンタバーバラの近くに、素敵な小さな湖のあるすばらしい場所があります。ある家族がそこで1日を過ごそうと考えました。その家族は湖を堪能していると、子どものひとりが湖に落ちました。悲惨なことに、その子は泳げなかったのです。電光石火、父親は息

子の後を追って湖に飛び込みました。助けだした息子を湖畔で心配して見ていた人に託すことができましたが、気づくとその父親は水から出てきません。後の警察の報告では、父親は泳げないのに飛び込んで、溺れて亡くなったということです。まったく悲しい話です。これは子どもに対する親の献身の話として話題になりました。息子が湖に落ちた時に、父親に躊躇も分別もありませんでした。「もし湖に飛び込んだら、溺れるだろう。自分は泳げないのだ」とは全く考えませんでした。彼は子どもの危機を目にして、子どもの命を救うことしか考えずに、飛び込んだのです。

　自閉症の子の親たちも、脇目もふらず飛び込み亡くった父親と同じくらい、間違いなく子どもを愛しています。子どものためなら何だってする。それが間違っていても、すぐにはあきらめず、科学者なみに熟慮を重ね、実行します。子どもにとってベストの教育環境を用意し、忍耐強く働きかけ、一貫した介助を続けるのです。自閉症スペクトラム児への親の関与がきわめて有効に働くのは、親なればこそのエネルギーが秘密兵器として作用しているからなのです。親は常に、寝ている時以外は、子どもに学習の機会を与えようとします。

　親は、どんなふうに、日々の生活に介入したらいいのでしょう？親であれば、子どもの介入セッションを一緒にやろうとします。担任の教師であれば、あるいは、セラピストであれば、生徒の親を積極的に介入に参加させるべきです。できれば、親子の様子をよく観察し、丁寧にフィードバックをしましょう。適切にやれていること、適切にやれていないことを丁寧にフィードバックするべきです。子どもに、適切でない対応や注意が欠けていたり、問題行動が繰り

> **親が介入に参加する方法**
> - 学校から連絡帳を出してもらう。
> - セラピストにビデオ録画を提供してもらう。
> - 昼休みでの子どもの様子を観察する。
> - 放課後の社会的交流に働きかける。
> - 毎月の教師と親の会合に出席する。

返していたりした場合は、わかりやすく助言をしてください。専門家がいる時に、親の子どもとの接触を見てもらい、フィードバックをもらってください。私たちはこれを「フィードバック付き実践（practice with feedback）」と呼んでおり、多くの専門家はあなた方にこのサービスを供給することができるはずです。どうすればいいのか、改善が必要なのはどの領域なのかを教えてくれるはずです。

スピーチセラピーであれ、行動介入であれ、大学関係であれ、親が家庭や地域社会、放課後、週末や夏休みなどで介入に関与すると、子どもは学習がスムーズに進み、学習した行動が長期に維持されます。もし共働きの主婦なら、連絡帳かその他の手段で情報を確保すべきです。ひとつひとつ何をしているのかを追跡できるはずです。もし可能であれば、介入のビデオ記録を担任あるいはセラピストに求めてください。そして、休みの日や、昼休みに子どもの様子

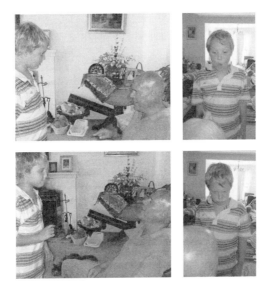

子どもと父親がいろいろな感情を示す表情をして楽しくゲームをしています。親子でそれぞれ面白い表情をして見せて、楽しみ、子どもにはいい学習になります。

を観察に行くべきです。そして親は礼儀を忘れてはいけません。共働きの親は多忙なので、放課後や週末に学校訪問をする時は丁重な振る舞いで、モンスターペアレントと呼ばれることを避けてください。また、自分の子どもの交友関係にも触れ、一緒に遊ぶ約束をしたり、アイスクリームパーティに誘ったりするのもいいでしょう。

　教師と親の会は月単位で予定を決めてください。必要なら、教師と親の会の定例会議の様子を個別教育プログラム会議（IEP）に訴えることができます。介入に関しては親も専門家も区別はなく、介入法に矛盾がないことを定例会で調整していくのが基本です。親として自分の考えをはっきり示したいのであれば、子どもに手伝ってもらいクッキーでも焼いて定例会に持参してはどうでしょうか？職業が多忙で会合が難しいなら、昼休みを利用して会合を開いたり、定期的に電話をかけたりの工夫をしてください。家族の関与の仕方は人それぞれで、千差万別、大きな違いが生じます。

　Smithさんの家族は優秀なセラピストを雇えるほどのお金持ちです。何人かのセラピストは、自宅の一部を使って、1週間80時間もDavidの介入を続けました。セラピストは彼と一緒に学校へ行き、午後は休息とし、夕方は勉強をしました。ところが悲しいことに、週末はひどいものでした。学校の時間割や介入セッション以外では、Davidは小さな怪物に変身するのです。ちょっとした要求で破壊行動をし、休みなく周囲を走り回るのです。Smith氏は助けを求め、そして私たちは彼に親教育の受講を提案しました。勉強への意欲をどう高めるか（第2章を参照）、指示に従うようにするにはどうしたらいいのか、のPRTの勉強を始めました。Davidの親はいろいろコミュニティ事態の中で彼に経験をさせました。また、親教育の指導者は、親子を遠足に連れ出し、支持やフィードバックを与えました。不適切な乱暴行動など、無視したほうがいいという親の指導をしました。Davidはゆっくり改善し、週2回、4カ月の親教育のセッションで、家族はスーパーやファストフードへの遠

出が可能になりました。親は、Davidにおもちゃの片付けやベッドメイキングをひとりでできるように教えられるようになったのです。家族全員の生活の質が向上しました。家族の関与が大きな変化を生み出し、家族全員の生活が楽しくなったのです。これはお金では決して買えないものです。

> **Q. みなさんはこれらのことができていますか？**
>
> **ご両親に向けて**
> 1. 子どもの目標をすべて知っていますか？
> 2. 目標達成のためにどうすればいいかを知っていますか？
> 3. 子どものプログラムが過不足なく調整されているか、子どもの友人関係はどんなか、みんなと何をしているか、そうしたことを知るために、担任教師、セラピストとの接触を維持していますか？
>
> **先生に向けて**
> 1. 目標や介入手続きについて、親と協力していますか？
> 2. 生徒の家族にとって重要な目標を取り上げていますか？
> 3. 一貫した指導法が使われていて、全員がちゃんとチームになっていますか？

第6章

親のストレスを軽減するためには

　Danielは小学生です。成績は優秀なのですが、時々学校でトラブルを引き起こし、帰宅を命じられていました。家族はDanielを愛していますが、彼の行動を心配し、母親はひどいストレスを抱えています。というのは、学校からは、行動障がいや社会的不適応、友人関係の困難があるため、施設への入所が必要だと言われる心配があるからです。そのため、時々心配のために母親は疲れ切ってしまう時があるのです。

　ストレスはDanielの母だけではありません。自閉症スペクトラムの子どもを抱える親たちは、はけ口のないストレスに曝されています。この親のストレス軽減のために、われわれは長年研究を重ねてきました。しかしこの問題は、長年の苦労にもかかわらず解決できていません。雑誌を読んだり、子どもから離れてみたり（信頼できるベビーシッターがいてくれたらの話ですが……）、また手伝いをしてくれる家族がいたとしたら、少しは助かるのですが、ストレスがなくなるわけではありません。親教育のプログラムはストレスを緩和することもありますが、逆に強めてしまうこともあるのです。特に、忙しい最中に親教育のプログラムで時間を取られると、ストレスが増えていきます。とにかく親は忙しいのです。仕事、家事、他の子どもも面倒を見なくてはいけません。親教育のプログラムでは宿題があります。ちゃんとやらなければ、なんでできなかったのか、と自分を責めることにもなり、結果的にストレスが蓄積します。

例えばこの状況は、車が故障して修理屋に行くとします。そこの整備士から「車の修理を教えましょうか？　そうすれば、いつでも自分で修理ができますよ」と言われるようなものです。たいがい忙しいスケジュールの中で車の修理に時間を費やすことはできません。そのような面倒なことは、普通優秀な整備士に車を預けて修理してもらいます。けれどわれわれでも、毎日の快適な走行を維持するためのガソリンの給油、空気圧とオイルのチェックなどをすることはできます。親にとっての育児はこれと同じです。車の給油、空気圧、オイルチェックなどの日常の点検のように、親にストレスにならない形で積極的に子どもへの介入を行ってもらう必要があるのです。

　ストレスの問題は軽視できません。日常生活に関連させての介入は、時にストレスの解消となります。目標設定をする際に親を参加させ、生活場面での介入法を親に指導すると、子どもの学習効率が上昇し、親のストレスが下降するというより高い効果が生まれます。すぐに効果が出るわけではありませんが、家庭での介入は、親の熱心さ、関心の高まり、成果の喜びを生み出してくれるのです（Schreibman et al., 1991）。

PRTの実施によってストレスはゆっくり軽減されます。この写真は家族全員に重要な効果が波及したことを示しています。

ストレスを和らげるもうひとつのやり方としては、親支援のグループへの参加があげられます。ここではグループ運営の慎重な計画が重要となります。グループ運営に成功している例はそれほど多くはありません。大半は途中で続かなくなります（Albanese, San Miguel, & Koegel, 1995）。学校の介入が難しい、無能な教師ばかりで学校が大変だ、という他の親の不満を聞くことで、かえってストレスが溜まるという報告があったりもするのです。しかし、経験のある専門家がグループを運営し、問題解決に話し合いを上手に誘導すると、ストレス解消になり、そのグループも楽しいものとなるのです。

　教師あるいは専門家は、どんな些細なことであれ、子どもの成長に耳を傾け、その成長を喜びましょう。ストレス下にある親にはかすかな成長でも励みになります。親が正しく養育を進めるには支援が必要です。教師あるいは専門家が、常に的確な介入を心がけることが一番の助けになります。もし、子どもに問題が生じたなら、教師や専門家は、解決に関する文献を読んで、助言をするべきです。落ち込みやすい親や子どもにマイナス面を指摘するばかりの教師や専門家ほど悪いものはありません。教師と専門家は、問題解決をどうするかを考えるべきで、本人たちに問題の深刻さを改めて認識させるのが仕事ではないのです。

　これからの自閉症スペクトラム児の研究においては、先生、専門家、家族、地域などが、どうやったら両親が抱えているストレスをより軽くすることができるのかを見つけることが注目されるはずです。しかし、何をどうすればいいのかという問題はまだ始まったばかりなのです。確かに、あれこれ慰めのことばをかけることなどではなく、どうやったらストレスを減らすことができるかを提案することです。さらなる研究では、単に親のストレスを減らすだけではなく、日常生活内でストレスを減らすやり方を理解してもらう必要があります。それも特別なものでなく、生活の場で行うことができ、一時的ではなくずっとできるものでないといけません。これは自閉

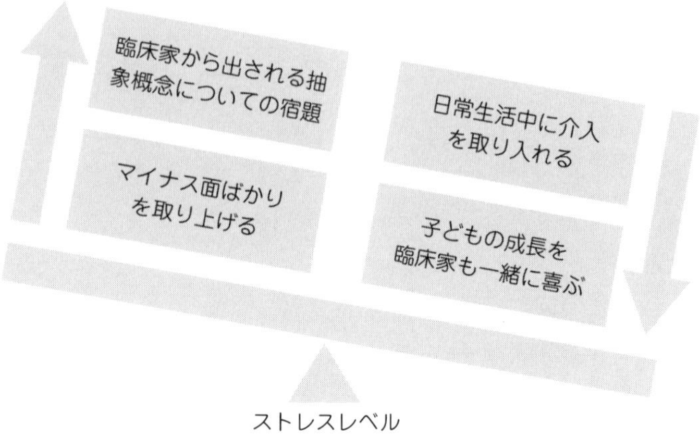

図6-1．親のストレスの軽減とは．

症児の親たちに対するわれわれの社会的責任です。

養育ストレスに関する研究

　われわれの調査では、養育ストレスというものは非常に高いことが明らかになっています（R.L. Koegel, Schreibman, et al., 1992）。「慢性病および障がい児家族のストレスに関する質問紙」（Holroyd, 1987）による測定では、自閉症児を抱える両親たちは共通して高いストレスが見られます。すなわち、自閉症児の親たちは定型発達児の親たちに比べて、子どもの自立や依存、認知障がい、または自分の家族機能や家族関係に関して大きくストレスを感じているのです。当然のことながら、親はいろいろと問題行動を見なければならず、言語が思い通りにならない、認識の能力が弱いなど、絶えず心配しており、これではストレスが溜まる一方です。これは居住地域、文化の違い、環境の違い、子どもの年齢の違い、軽度、重度に関係なく、感じているストレスのタイプが一緒なのです（R.L. Koegel, Schreibman, et al., 1992）。父親もストレスに曝されますが、母親

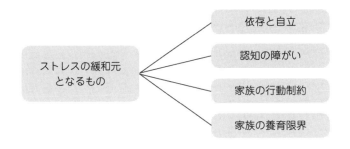

図6-2．親のストレスの源とは．

とは大分違います（Moes, Koegel, Schreibman, & Loos, 1992）。父親と母親とを3種類のテストで比較してみました（ストレス質問紙、親用コーピング質問票［CHIP; McCubbin, McCubbin, Nevin, & Cauble, 1981］、ベック抑うつ質問票［Beck & Steer, 1987］）。父親よりも母親のほうが強いストレスを示しましたが、それは社会的役割の違いによるものでした。母親は子どもの養育に関するストレスが強く、父親のほうは優秀な介入者探しなどの経済関係でのストレスが強いのです。しかし最近では、われわれの研究に参加する家族は、一家の支えは父親、養育を担うのは母親、という伝統的な家族の役割は変化しており、ストレスの状態も次第に変化してきています。

　親教育で親のストレスが必ずしも和らぐわけではありません。子どもの問題行動に対処するスキルを習得し、子どもがそれを身につけると、ストレスが低減すると思っているかもしれませんが、そうではありません。親教育のプログラムに参加しても、子どもの行動コントロールが上手にできても、必ずしもストレスの緩和につながるわけではないのです（R.L. Koegel et al., 1996）。うまくいったとしても、親は依然として子どもの認知能力を心配しています。仮に聡明な子であったとしても、学業成績は認知障がいの範囲に留まると考えているのです。その上、多くの自閉症スペクトラムの子ども

は不適応行動を持っていて、公共の場所に連れて行けないと考えています。家族はごく限られたところにしか出かけることができません。たいがいの親たちは地域で不快な目に合い、ストレスを受けています。すなわち、親たちは子どものためにずっと悩みを抱え、ずっとストレスに曝され、もう逃れられないと思っています。そして自分たちは子どもよりも先に死ぬだろうと思っています。子どもは自分たちが死んだとしても、人から変わらぬ愛情を受けられるのか、という未来への不安というストレスにも悩まされているのです。

こうした問題に関しては、BoumaとSchweitzer（1990）、BristolとSchopler（1983）、HolroydとMcArthur（1976）らもわれわれと同じ見解を示しています。彼らも発達支援とストレス緩和がいかに重要かを強調しています。

今後、注目しなければならないテーマは、自閉症児の親たちのストレスを高めたり和らげたりする文化的な側面です。例えば、文化の多様性に関する研究で、子育てではたくさんの親戚が協力して子育てをしている家族のほうが、核家族で子育てしている家族よりもストレスが少ないという結果が出ています。こうした文化としてのストレス研究を続けることは、自閉症関係では特に重要です。例えば社会的サポートが、家族の価値観や人生観と合致していないとストレスになってしまうのです（Bernheimer Gallimore, & Weisner, 1990; Gallimore, Weisner, Kaufman, & Bernheimar, 1989）。また、自閉症児の親たちはそれ以外のことでもストレスで苦しまなければならなくなります。例えば親教育への参加だったり、健康を害したり、失業だったり、夫婦の破綻のような個人的なストレスを持ったまま、さらに自分の子どもへのあまりにも難しく、幾重にもわたる介入を行わなくてはならないのかもしれないのです（Plienis, Robbins, & Dunlap, 1988）。

自閉症児の改善だけでなく、家族全体を良い状態にすることも非常に重要です。どこにストレスがあるのかを理解することが、われわれを有効なプログラム開発に導いてくれます。それにはまず、ス

> **迷信**：親はストレスや不安を高めてしまうので、自分の子どもと一緒に行動すべきではありません。
>
> **真実**：親に日々の生活の中で介入の仕方を教えると、ストレスを減らすことができます（第1章と第2章を参照）。

トレスに対処し、必要な対処に有効な介助と発達のための長期計画の樹立に役立てることにあるのです。例えば、ある介入は子どもの行動を改善しますが、逆に親のストレスを高めてしまうことがあります。ところが一方では、別の介入は子どもの行動の改善もするし、親のストレスも緩和するという方法があります。PRT は子どもの改善と親のストレス双方に有効な介入であり、家族相互交流のストレスも緩和してくれます（R.L. Koegel et al., 1996）。

日々の生活の中で指導する

　人はそれぞれ自分に適した手段でストレスに対処し、自分に適した手段でストレスを解消しています。自閉症児の親であれば、十中八九ストレスを抱えていると思います。だから休息の時間は、心底ほっとするのです（Barry & Singer, 2002）。われわれの経験からすると、朝、気分が良くなるようなことをひとつやると、かなり精神的に楽になります。好きな本をめくりながら静かに一杯のコーヒーを飲む、公園でジョギングをするなど習慣づけると気分が変化してきます。臨床的な経験からも、そんな気分転換が不可欠なのです。一方でもし子どもの毎朝のお決まりの行動でいらいらしてしまうのなら、例えばまずは目覚まし時計をセットさせ、子どもを早めに起こして、子どものお弁当を自分で用意させることなどをすると、親の時間に余裕ができます。もしかしたら、このようなことを子どもに教えて、親に余裕を持たせることは最優先事項なのかもしれません。親の時間の余裕とは何なのでしょうか？　時間を贅沢に使うこ

ととは？ その他の大切なものは何なのでしょうか？ 私たちはよく考える必要があるのです。

　そうしたこととは反対に、大量の宿題が出され、日々の生活の中でそれをどうこなすのかを、子どもの先生、セラピストなどにアドバイスを求める、それもひとつの方法かもしれません。例えば、机に座って勉強をするよりも、料理の最中に、料理に関連付けた算数の勉強をしたほうが実践的です。夕食の用意の時には、レシピを読むと国語の練習にもなるし「しょうゆ10グラム、お酢5グラムを混ぜ合わせて計15グラムのドレッシング」など、分量の計算をするため、勉強としてもはるかに有用です。子どもは、これから掃除、料理、着替えなど日常の行動を学習する必要が出てきます。そしてそれを早く教えることができれば、親の生活もより楽になります。われわれはまだはっきりとした研究では表すことはできていませんが、日常の生活を教えることは、全体的に親のストレスを減少させることがわかっています（R.L. Koegel et al., 1996）。

　自分と一緒に住んでいる人たちに関して考えてみましょう。あなたを助けてくれる人ですか？ それともストレスの原因となっている人ですか？ 一緒にいると気が休まることがないようなら、どうすればいのかを明らかにしましょう。お姑さんのご自宅で数時間ほど子どもを預かってもらえないかと頼めますか？ 問題行動のたびに親に電話をかけることをせずに、学校での問題は学校で考えてもらえるよう、担任の先生に頼むことはできますか？ 何がストレスの原因で、どうすれば解消できるかを明らかにするための時間をかけることは可能ですか？ それが可能であれば、そこからストレス解消に何をすればいいのかが明らかになり、それを実行することが可能であれば、ストレスが減少し、気分も落ち込まずにすむようになるでしょう。

　あなたが先生あるいは介入者であれば、生徒の親に日常生活の中でどのように介入をするかにくわえて、家族の支援も進めるべきです。放課後、数時間、子どもの面倒を見ると申し出ましょう。家族

に外出の時間を取ってあげたり、家族がどのような状態であるかを話すために電話やメールで連絡をしてください。話す内容や介入などで特に重要なことは、子どもが示す長所が何であるかにスポットを当てることです（Steiner, 2011）。ことばが出ていない子どもの場合には、「お子さんは話ができません。話せるように学ぶ必要があります」と言わずに、「お子さんは『た』の発音が十分でないので、『た』の単語の練習をしましょう」と言うべきです。生活を快適にするために、何かお手伝いができるように希望を家族に聞いてみてください。宿題を机に座ってちゃんと自力でするようにとか、自分のお弁当を自分で作るとか、掃除をするとか、犬に餌をやることなどができるようになれば良いのです。また両親のために子どもがお手伝い券などを作る提案をしてみてください。親にストレスがある時の子どもたちの積極的なお手伝いは、非常に大きな変化をもたらすのです。

> **親のストレスを段階的に緩和させるには**
> - リラックス活動のリストを作りましょう。
> - 子どもの先生、セラピストにどんな行動に挑戦すべきかを尋ねてみましょう。
> - 指導を日々の生活の中に混ぜ合わせてみましょう。
> - 協力してくれる人たちと一緒にいることが必要です。
> - 短所ではなく、長所に注目してみましょう。

　Moras 家は再婚で、お母さんは最初の結婚でできた10代の連れ子が2人います。2度目の結婚で生まれた幼稚園児が2人いて、一番下の女の子は自閉症と診断を受けました。それに、子犬と猫が2匹います。お父さんは長時間働いていて、お母さんは専業主婦です。自閉症児の子を含めて、4人の子どもの教育でストレスが高く、夫婦関係は破綻しています。夫婦は一緒に時間を過ごすことはほとんどなく、あったとしても、いつも口論ばかりしています。多忙なお父さんと、何も手伝ってもらえないお母さん、双方がすっかり疲れ

切っているのです。昔一緒に過ごしたすばらしいロマンチックな思い出を、今ではすっかりなくしていたのです。

　この夫婦をなんとかしようとしばし考え、夫婦２人が一緒に過ごす時間を作るという、ちょっとしたことを実行することにしました。自閉症と診断された末娘にはことばの発達障がい、行動障がいがあり、何か自分にとってうまくいかないことがあると何も話ができなくなってしまいます。以前、近所のベビーシッターに預けて失敗した経験もしていたので、お母さんは末娘をベビーシッターに預けることは難しいと考えていました。そこでわれわれがしたことは、ベテランのセラピストに週１で自宅に行ってもらい、末娘を預かり、両親にデートをしてもらいました。お出かけの時には、末娘はすっかりご機嫌で、お母さんは十分にリラックスしてデートができました。さらに考えたのは、子どもたちに家の周辺をきれいに片付けてもらい、おもちゃの整理整頓をさせ、夕食後の皿洗いをしてもらいました。翌日のお弁当を用意させ、デートで帰りが遅くなってもいいように掃除もしました。また、お父さんにも、上等のレストランで食事をし、映画のチケットを用意するように助言し、デートを進めていきました。そのうち、お父さんはお母さんに花を買ってくるようになりました。またわれわれは２人の兄たちに、幼い自閉症の妹に適応行動の学習の仕方を教えました。

　お父さんは積極的にデートの計画を立てるようになり、また家に長時間いるようになりました。今までは夫婦喧嘩が始まりそうになると、いつも仕事を長引かせ帰りが遅くなっていったのですが、その夫婦生活が改善したのです。そのうち、子どもたちが学校へ行っている間は、お父さんの事務所で働かないかとお母さんに提案しました。お母さんは大喜びでした。というのは、本当はお掃除が苦手なので、その稼ぎで週に１度お手伝いさんに来てもらい、掃除をしてもらえるようになるからです。家族によっては、ストレス解消のために、週に１回のデートでは足りないかもしれませんが、このケースでは、家族への働きかけ（上のお兄ちゃんたちにも働きかけ）、

家のやり方の改善、親の楽しむ機会を作ることによって、夫婦、家族の生活改善の鍵となったのです。

> **Q. みなさんはこれらのことができていますか？**
>
> **ご両親に向けて**
> 1．ストレスと感じるの何ですか？　どうすれば解消できますか？
> 2．気分が快適になるのは何をした時ですか？　何をした時に快適さが一番になりますか？
> 3．生活の雑事をさっさと整理するように子どもたちに教えられますか？
>
> **先生に向けて**
> 1．生徒の親たちのストレス解消に何をしていますか？
> 2．日々の生活の中で標的に向かって指導をしていますか？
> 3．家庭内での親のストレスが解消するようなカリキュラムを目的に含めていますか？

第7章

日常生活での介入とアセスメント

Ⅰ．生活内での介入

　Sarahは小学校の特別支援学級に在籍しています。この教室は、自閉症児が2人、言語障がい児が5人、そしてダウン症児が1人という8人編成のクラスです。Sarahは算数と音楽の成績は良いのですが、言語関係の科目は良くありません。去年、この教室の中で自閉症を持つ子は彼女ひとりでしたが、今年に入って、激しい問題行動のある自閉症の子が加わりました。Sarahはその子の不適応行動を真似するようになりました。Sarahの親は普通教室に移籍できないかと特別支援教育の主任に要求しました。ところが主任は、生徒を普通教育に移すには特別のスタッフが必要で、それには現場の先生がどう考えるかなので、もう少し考える時間をください、と言うのです。さて、これは最良の方法なのでしょうか？

　Sarahの両親の心配は間違っていません。小さい頃から可能な限り定型発達の子たちと一緒に普通の環境で過ごすことが重要です。自閉症スペクトラムの子たちはすでに社会的スキルを身につけている定型発達の子をモデルにして学ぶ必要があります。障がいを持つ子たちにとって、発達心理学で言われている「レディネス（準備性）」は役に立ちません。その上定型発達の子と離されたり、別々のカリキュラムを与えられていると、障がいを持つ子たちはさらに発達の遅れが進んでしまいます。だからそうならないためには可能

な限りいつでも普通の環境の中で学習することが必要です。障がいがない子どもたちと同じように普通教育の授業や放課後活動や社会科見学、家では普通に他の家族と一緒に外出をするなど、可能な限りいつでも普通の環境の中で提供されるものがそのまま必要なのです。古い時代のプレイルームを忘れてください。おもちゃが壊し放題で壁は灰色一色、クラスメートは障がいを持つ子ばかりで、定型発達の子たちのカリキュラムよりかなり低レベルの教材が使われていたあの環境です。自閉症を持つ子の理想的な指導現場とはほど遠いものでした。親であれば、自分の子どもに壊し放題の部屋を与えるにしても、車のガレージそのまま、あるいは物置小屋を使ったりすることは考えもしないでしょう。もし自閉症の子が大人として現実社会で生きていき、働いて人と交流するなら、障がいの有無に関係なく生きていくためのノウハウを身につける必要があります。生活の場で学ぶのは、大人としての経験を積む絶好のチャンスなのです。

　われわれは雑多なものに囲まれている中で指導をして、般化が難しいという深刻な問題を解決しました。具体的に言えば、散らかし放題の部屋で子どもの指導をしたのです。それ以前は、壁の絵を撤去し、子どもたちが注意を逸らすかもしれない周りのものをすべて排除した中で指導をしました。そんな特殊な環境の中から新しく学んだ行動が日常生活場面でスムーズに使われることはありません。われわれはこれを般化の欠如と呼んでいました。言い換えれば、新しい行動を獲得しても、その行動は別の場面や別の課題に拡大せず、人に対しても広がりをみせません。例えば、練習帳では算数の問題が完全にできても、お店に行って2個の商品の値段の足し算ができないということなどです。この場合、算数の練習帳での学習が日常生活で使えないということでは結果的に意味がありません。シマウマの絵を見て「シマウマ」と言えても、動物園において実際に4つ足で白と黒の縞模様の動物を見てもわからなければ、日常生活には全く役に立っていないのです。般化の問題を解決するには、でき

るだけ普通教育で教えて日常生活にあるレストラン、コンビニ、おもちゃ屋さんなどに連れて行くことです。その他にも課外活動のクラブに参加させて定型発達の子たちと同じようにするべきなのです。そうすれば、般化

> **般化**
> 学習された行動の適用範囲が
> ● 他の環境に対して
> ● 他の行動に対して
> ● 他の人と共に
> ● 時間が経っても永続すること

の問題を心配せずに、子どもはごく普通の環境に参加して学んでいくはずです。普通でいつもの平凡な生活の中での介入が、成長には最も効果的で不可欠なのです。

エビデンスのための調査

第5章で、家族の参加がどれほど重要かを述べました。それとPRTにとってもうひとつ重要なことは、普段の生活の中で介入が行われることです。子どもがとにかくなんであれ教室のみんなと一緒に参加できることが重要です。普段の生活の中での介入のほうがより有効であることは、多くの論文が示しているのです。

「生活環境」と「特殊な環境・閉鎖環境」の違い

いずれの発達理論も、子どもはごく普通の環境の中で育つものであり、定型発達の子でも通常の生活環境から逸脱すると、発達障がいを引き起こすという話もあります。順調に育つためには、子どもには当たり前の刺激が不可欠なのです。ところが自閉症の介入においては不思議なことに、この日常の環境の影響力が無視されていました。ほんの数十年前まで、自閉症の人たちは閉鎖病棟に収容されていて、大勢の医者たちはそれが適切だと信じていたのです。

1980年代はじめの Jean Marc Gaspard Itard や、1990年代はじめの Helena Devereaux のような先駆的感覚ですばらしい成果を上げ

た人たちは、障がい者に対して、家庭内で普通の家庭生活の中で集中的に個別的、画期的な介入をしています。彼らのアプローチは、長年やってきた古い介入とは大きく異なったものでした。障がいを持つ子を隔離室に閉じ込めるという非科学的なものが従来の介入だったのです。1日24時間、週7日、絶えず集中的に介入し、孤立状態がいいと考えていたのです。残念ながら、そんな孤立状態での成果は希望とは正反対のものでした。自閉症を持つ子は施設に入れられると、成長が止まったままになってしまいます。精神病院の病棟生活は定型の子どもの日々の生活と大きく異なります。狭い範囲に制限され、通常、脱走防止のために二重、三重に鍵をかけられているのです。子どもたちは夜間のベットルームと昼間の生活ルームに制限され、自閉症の子同士しか交流がありません。他の子どもたちの激しい攻撃行動の犠牲になって身体活動も制限され、しばしばトイレットトレーニングもおろそかになってしまいます。精神病院はいつもいい状態で維持するのは経済的に困難で、希望通りの施設はほとんどなく、家庭的な環境に乏しいのです。聡明で心優しいスタッフも、上等なおもちゃもなく、結果的に悪循環になっています。

　さらに悪いことに、行動変容の主たる手段が罰の使用でした。子どもたちはしばしば身体拘束を受け、管理スタッフが子どもの問題行動を強い電気ショックでコントロールするのが普通だったのです。そんなひどい環境ではもちろん良い結果を得ることはできません。

そんな状態が普通だったので、例えばLovaasら（1973）が病院で行ったケースがあるのですが、行動変容に高価な治療費と長時間の手間をかけ、最良と思われた介入ケースであっても、そんな状態の病院に帰っていくので、子どもの成長にとって良い結果にはつながりませんでした。

観察学習
- 良いモデルがいないことは自閉症の子どもたちにとっては異常な方法を学んでしまう原因になります。
- 自閉症の子どもたちは定型発達の友だちを観察することを通して適応行動を多く学んでいきます。

後の多くの研究でも、そんな劣悪な病院という環境の問題にくわえて、課題にも問題があることを示していました。子どもの応答性の改善や家族との交流では、ドリル形式のフラッシュカードのような人工的な教材を使うよりも、介入を普段の生活の中で行うほうが、全体として子どもの反応と家族関係の改善結果が良かったのです。他の行動に関しても同じ結果が得られました。自閉症の子どもたちはより日常的な場面で教えられると、昔ながらの堅苦しい場面で教えられるよりもずっと効率よく学んでいきます。われわれの研究でも、子どもたちの発話の学習は日常場面で指導したほうが理解しやすく、ずっと効果的だったのです（L.K. Koegel et al., 1998)。"F"の字がなかなか発音できない時に、"F"から始まるフラッシュカードを出して名称を尋ねるかわりに、本人が興味を持ちそうな"F"から始まる対象物を要求するように仕向け、はっきり声で言って要求を学習させることのほうがより有効だという研究があるのです。例をあげると、私たちが指導しているひとりの小さな男の子はボールで遊ぶのが大好きでした。そのことを利用してわれわれは"F"が語頭にくるボールを集めました。例えば、"Football""Funnyball（顔が書いてあるボール）""Foamball（スポンジボール）"などです。間違わずに単語に"F"が含まれていると、そのボールが与えられて遊べます。生活の中で楽しい遊びとしてこの手続を使うと、フラッシュカードよりも成績が良くなりました。さらに、乱暴をするなどの問題行動も減少します。問題行動が少なくなったために、教師は指導にたくさんの時間を使うことができ、時間の節約ができるようになりました。フラッシュカードを使うと、新しい発音への拡大（般化）が困難な場合があります。新しい発音への拡大を促したい時にこのボール遊びを利用すると、困難だった拡大（般化）ができるようになるのです。

　生活の中に介入を持ち込むと、子どもの行動は大きく改善されます。その上多くの研究では、生活の中で介入をすると家庭内での相互交流が多くなるという興味深い報告があります。前述したのです

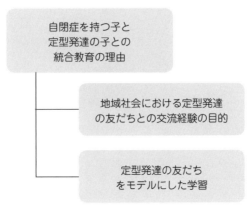

図7-1. 統合教育の重要性.

が、Schreibman ら（1991）および R.L. Koegel ら（1996）は、家庭内での相互交流は幸福感を高め、ストレスの緩和をもたらすというのです。

　日々の生活が重要というもうひとつの理由は観察学習にあります。行動のモデルが存在しないと、自閉症の子は、場面場面においてどう行動したらいいのかを学ぶことができません。友だちを観察することで、上手に新しい物事を学ぶことができるのです（Egel, Richman, & Koegel, 1981）。この発見は、介入には非常に重要であることを示してくれました。すなわち、周囲が自閉症の子たちばかりの場合と、定型発達の子たちの場合とでは、観察学習に大きな差が出てきます。子どものモデルとなる仲間にコミュニケーションの遅れがあり、他傷行動があり、興味が狭いと、とても困ったことになります。観察で適切な行動をほとんど学べなくなります。それとは対照的に、仲間が定型発達の子どもたちであれば、観察でたくさんの適応行動を獲得してくれます。まさに発達理論通りの状態になってくれるのです（cf. Bijou & Baer, 1966; Bandura, 1969）。

　般化に関して、もうひとつ別の問題が関係しています。かなり昔、

日常生活での介入とアセスメント　第7章

PRTは自然な環境の中での参加と介入を促していきます。この写真の子どもたちはビーチで楽しんでいますが、その楽しい活動の中で多くのスキルを教える機会があるのです。

　数編の論文に発表したのですが、われわれはある自閉症児を指導する際に、閉鎖的な環境の中では1対1の個別状態や小グループにおいても般化がゼロだったという経験をしたことがあります（R.L. Koegel & Rincover, 1974; Russo & Koegel, 1977）。1対1の指導を広い範囲に実施しても、交流級（普通級）でちゃんとできるようになるには、特別な介入が必要だったのです。特別な閉鎖的環境の中で成果を上げることができるかどうかなのですが、おそらくそれでは成果を上げることはできないでしょう。となると、結局、閉鎖的な環境ではないということが重要なのです。従って、障がいがあろうとなかろうと、すべての子どもたちに統合教育という環境が必要ということが、この研究において強くはっきりと示されているのです。
　しかし、現在なお、多くの人たちは誤解しています。自閉症の子どもたちは、人との接触を嫌い、人を避けると思い込んでいます。ゴチャゴチャした場面を嫌い、整頓された静かな環境が好きなのだと思われています。しかし、いろいろ研究が深まってくると、そうした環境は、必ずしも良い環境ではないことが明らかになってきま

した。私たちは、子どもたちが実際にさまざまな環境の中で、大人や同級生から助けてもらい、非常に困難な課題を学習していることを発見しました（cf. Russo, Koegel, & Lovaas, 1978）。その場面においては、人との交流はとてもスムーズに見え、日常場面の学習以外のものがあっても、周りが助けてくれたりもするのです。

アセスメントのための日常場面

さまざまな環境を体験することで学習が進みます。なので、環境の違いで標準化したアセスメントを実行して学習にどんな差異が生じるかを見て、有用な情報が得られるかどうかを試してみました。現在では、日常場面で行っていると、従来の標準化されたテストでもさまざまな変化が現れることが明らかになっています（Condouris, Meyer, & Tager-Flusberg, 2003; Dawson, Soulières, Gernsbacher, & Mottron, 2007; Dunn, Flax, Sliwinski, & Aram, 1996; Edelson, 2005）。問題行動を示していた自閉症を持つ子たちはいずれも、語彙、言語表出、知能指数で高得点を示し、モチベーションが良好なのです（L.K. Koegel, Koegel, & Smith, 1997）。特に、心理学の専門家、スピーチセラピスト、教師、心理検査技師などが正規のテストにおいて、PRTなどのモチベーションの配慮がなければ、子どもたちの得点は非常に低いものになってしまいます。事実、子どもたちの認知の歪みがひどく、非常に言語が遅れていると結果が出ていました。しかしながら、モチベーションが配慮されると、子どものパフォーマンスが別人のように向上し、定型発達の子と同じレベルの機能を示すことがあります。正規のテストでは、自閉症の子はしばしば考えられないほどの低い点数を示すことがあるのです。このようなテストでは、その子の能力を測るということではなく、テストに対してモチベーションがあるかどうかの測定となってしまいます（Kuriakose & Koegel, 2010）。指導を発達レベルに合わせることはとても重要です。テストの結果が子どもの能力を

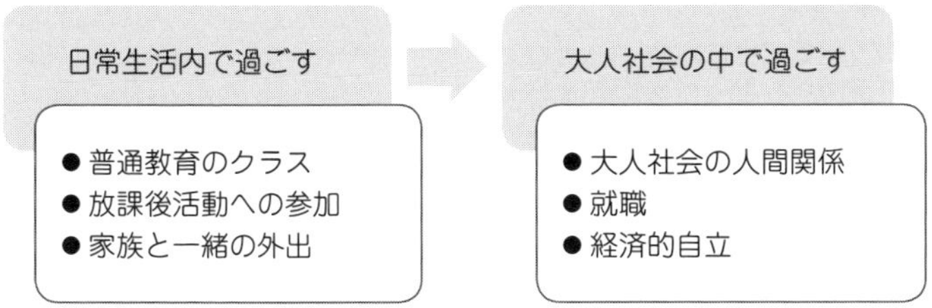

```
┌─────────────────────┐      ┌─────────────────────┐
│ 日常生活内で過ごす  │  ▶   │ 大人社会の中で過ごす │
│ ● 普通教育のクラス  │      │ ● 大人社会の人間関係 │
│ ● 放課後活動への参加│      │ ● 就職              │
│ ● 家族と一緒の外出  │      │ ● 経済的自立        │
└─────────────────────┘      └─────────────────────┘
```

図7-2. 幼児期の環境が成人期に大きく影響する.

過小評価してしまうと、子どもは年中、知っていることばかりを教えられ、学校で学習をする機会が乏しくなってしまうのです。

日常生活内での指導

このように、日常生活内での指導のほうが、自閉症の子には有利なことがわかりました。そしてまた、集中訓練であっても、日常生活内で行うほうが効果的なのでは、と思うようになりました。興味深いことに、多くの研究で日常生活内での指導で効果を上げています。ごくごく初期の頃、多くの自閉症の子どもたちが、交流級（普通級）から排除されていた頃から、われわれは、統合教育が可能であり、成果を上げ得ることを示してきました（Russo & Koegel, 1977）。一般教育の教師が有効な介入をするには若干の特殊な訓練が必要ですが、さして経費がかからずに社会的、教育的に長期的に関わることができて大きな利益をあげることができます（Harrower & Dunlap 2001; Owen-DeSchryver, Carr, Cale, & Blakeley-Smith, 2008.; Strain, McGee & Kohler, 2001など参照）。しかも、短い訓練だけでも、交流級の教室で教師によるPRTを取り入れると、自閉症を持つ子のコミュニケーション能力が改善し、簡単に大きな成果が得られるようになります（Smith & Camarata, 1999）。教師以外に、クラスメートを少しばかり日常生活の中でPRTの訓練をすると、複雑な社会的行動の改善も可能になるのです（Pierce &

Schreibman, 1995)。

　ここで示している各研究結果では、統合教育というのは、実行はさして難しくないことを示しています。しかし自閉症を持つ子の日常生活をただ単純においておけばいいというものでもありません。教師は勉強し、子どもたちも勉強し協力し合わないと良い結果は出ません。例えば、介入者の中で指導目的や指導方法に、不一致、対立があると（R.L. Koegel, Egel, & Williams, 1980)、介入がばらばらに実施されて、一方では改善が進み、他方では症状悪化が進むことになります。また、ある研究では、手続きの協力関係が欠けていたために、環境条件に差があり、トイレットトレーニングが完全に失敗したという例があります。逆に、介入に相互協力があった場合には、トイレットトレーニングがスムーズに進みます（Dunlap, Koegel, & Kern, 1984)。協力関係がうまくいけば、1日、2日のトイレットトレーニングで成功し、ある程度年齢の高い無言語の子どもたちでも、2週間程度でトイレットトレーニングが成功したという結果が出ています。

表7-1. 伝統的な介入とPRTの違い

	伝統的な介入	PRT
介入場所	隔離環境 精神科隔離病棟	日常生活内 同年齢仲間との統合生活
主要介入	罰と報酬 拘束	積極的な行動支援 モチベーションの重視
刺激	既成の課題 フラッシュカード	モチベーションを高める教材 玩具や本など
般化と維持	般化が困難で、 新規な行動の外部での維持が困難	般化が良好で、 新規な行動の外部での維持が良好
相互交流	自閉症を持つ子にとって、 人との接触が嫌悪的	自閉症を持つ子にとって、 人との接触が楽しく、有意義

|||||||||||||||||||||||||||||||||||||||||||||||||||||||||||||||||||||||||||||||

迷信：自閉症の子たちの指導は、普通教室の中に入れ込むよりも、何をしようが自由な環境、あるいは、重度障がいを持つ子たちと一緒の教室で指導するほうが良い。

真実：自閉症スペクトラムの子は、日常生活で学習するほうが、問題行動が少なくなり、場所が変わっても容易に般化できる。

|||||||||||||||||||||||||||||||||||||||||||||||||||||||||||||||||||||||||||||||

　自閉症を持つ子に対する有効な介入のひとつは、自己管理ができるようになることです。すなわち、適切な行動と不適切な行動との区別を教えてできるようになることです。そうすると、適切な行動のタイミングを自分で判断できるようになります。標的行動が自己管理を組み込んだプログラムであれば、自閉症の子たちは、そこから適応的な反応を学習できるのです（L.K. Koegel, Koegel, Hurley, & Frea, 1992）。自己管理のコツを学んだ自閉症の子たちは、一定の状況でのステレオタイプの行動を続けなくなり、介入者なしで適応行動が取れるようになります（R.L. Koegel & Koegel, 1990）。このような般化のコツを身につけると、学習の有効性が広がり指導の効率が大幅によくなるのです。

　要するに、自閉症の子どもたちには、日常生活内でのほうが治療と評価がよくなります。定型発達の子たちと一緒のほうが、その交流の中でたくさんのものを手に入れることができるのです。日常生活で実行される手続きはごくシンプルなものなので、同級生たちでも適切に実行できます。日常生活こそが最良の結果を生み出してくれる場所となります。日常生活は日々の常識で動くもので、難しいものでなく、実施にコストがかかるわけでもなく、心配する必要もありません。

日常生活で機能させる

　もしあなたが親なら、子どもをどこへでも連れて行きましょう。最初のうちは難しいでしょうが、そのうちに楽しいものになります。もし買い物が、全体的に障がいがあり難しかったとしても、お店に行くことで何かを買ってあげ、できるだけ好きなものを買うことから始めます。だからお店に限らず外出をすることで、日常生活の中でのご褒美を使います。放課後の課外活用に、クラブの参加登録をしましょう。最初は助けが必要であっても、やがて必要ではなくなります。スタートが間違っていなければ、定型発達の子たちとの交流で興味が広がり、身近な子どもたちと遊ぶようになります。一日中、学校で定型発達の子たちと一緒に過ごすほうが最良なのです。社会性に関しても、教科の学習に関しても、一緒に過ごすことが一番良いというのは明らかです。普通教育担当の教師が、障がいを持つ子たちの存在が定型発達の子たちの勉強の妨害になるなどと言うなら、そんな事実は存在しないと訴えるべきなのです。われわれの経験だけでなく、他の論文においても（J. Anderson, Personal communication, circa 1992）、発達障がいを持つ子がクラスにいるほうが他の定型の子どもたちも成績良好になるようです。おそらく教師が一人一人へのことばがけのコツを学び、動機づけを上手にやり、効果的な学習を駆使し、生徒全員をサポートするからでしょう。理由が何であれ、障がいを持つ子には普通教育の中のほうが良いのです。定型発達の子にとっても、障がいを持つ子にとっても、社会性、教科の勉強双方に有効です。

　しかしながら的確な支援が欠けていると、統合教育であっても、子どもは、長期的、短期的に発達が停滞します。行動の積極性が育つサポートが必要かどうかを確認すべきです。もしそれが必要なら、カリキュラムの修正ができるかどうかを確認しましょう。子どもの担当者が訓練を受けた資格の所有者でIEP（個別教育指導プログラム）の目的を正確に理解している専門家（訳者註：アメリカの障がい児

担当の教師の資格）かどうかを確認すべきです。教室で出される宿題も事前に授業の流れに沿っているかどうかのチェックも必要です（L.K. Koegel, Koegel, et al, 2003）。そして定型発達の子との交流の中で障がいを持つ子が各教科とも学んでいるかをモニターする必要があるのです。学校だけでなく、家庭にもクラスメートが訪ねてくる努力をしてください（R.L. Koegel et al., 2005）。生徒たちが障がいを持つ子たちと一緒に活動するように指導を教師に求めてください。親たちも子どもたちの遊びの約束をしたり、その時間を少しずつ長くしたり、回数を増やしたり、楽しかった経験を積み上げてください。遊べる時間が長くなると、定型発達の子も障がいを持つ子も、時にはもめ事もあるかもしれませんが、次第にお互いイライラすることもなくなってきます。子どもたちは、料理や洗濯、庭いじり、お化粧や服で自分を着飾ったり、家事の手伝いをするようになります。これは後々、一人暮らしをする準備になっていくのです。

　教師であれ、管理職であれ、定型発達の子と自閉症の子を一緒にする教育はあくまでも続けるべきであり、どんな形であれ、この二者を離したほうがいいというエビデンスは存在しないことを知るべきです。子どもたちに社会ではお互いが共に生きる必要性があることを教えてください。お互いを離してもいいことは何ひとつないことをわれわれは知るべきです。学校でのさまざまなプログラムを成功させたいなら、定型発達の子と自閉症の子とを常に協力して進めることです。

　日々のセッションにたまには校外の行事を含めましょう。公園や遊び場で家族と合流し、社会的相互交流の機会を持つようにしてください。お店に行って、そこで注文の仕方、支払いの仕方、マナーについて、これらは大人になったらおおいに役に立つことになります。

　JC が年少の時に、家族はサンタバーバラに引っ越しました。幼稚園では、最初、普通教室に入ったのですが、社会性に欠けていて、

やたらに攻撃的で、仲間から孤立し、定型の友だちとは休み時間と昼食時間だけしか近づくことはありません。近くにいてもほとんど交流を持とうとせず、私たちが彼に働きかけても彼は回避が上達するばかりで、全く交流をしようとはぜず、また勉強のほうもほとんどする気がありません。そして友だちの多くは彼を怖がっていました。もし先生が彼に宿題を与えても、暴言を吐き、両手をヒラヒラさせて、常同行動を繰り返すばかりなのです。課題を与えても、紙を引きちぎるか、鉛筆で落書きするかで、課題をさせるのは不可能でした。クラスメートが彼に近づくと、嫌がらせをエスカレートさせました。例えば、彼に近づくと金切り声をはりあげ、効果がないと、攻撃を始めて友だちの身辺をメチャメチャにしてしまうのでした。

　こうした状況での1年間で、前校のスタッフと民間セラピストの要請に反してでも、私たちは普通教育の教室にJCを全面的に受け入れることにしました。彼をひとりぼっちにはさせません。われわれはまた、教師が必要としているサポートを提供し、クラス全体の進行に支障はないようにしました。私たちはJCに特別な1対1のサポートを提供し、先生のほうにも指導法の訓練を施しました。子どもに教科の勉強をさせ、社会的交流もするように指導し、他の子を恐れるよりは、楽しいことをいろいろと生活の中に取り入れるように教えたのです。するとJCは、算数や読字、書字を勉強し直し良い成績をとるようになりました。大好きな玩具を新たに手に入れ、授業の合間にやりたいことをリストに書くまでになったのです。われわれが彼に教えたことばは、彼が大好きなものの最初の一文字からでした。授業の合間や昼休みの時に、両親は好物の差し入れを持参し、友だちと分け合って食べました。私たちは図表を使い、自己管理プログラムを試みたのです。こちらの指示に対しても、教室のちょっとした作業をして、ご褒美をあげるということをしていると、彼はこちらの指示したことをいつもするようになり、果てには言われなくてもするようになったのです。この1年の間に彼は大きく改

善し、定型発達の子と同じ活動にある程度参加できるまでになり、改善はさらに続いていったのです。重要なポイントは、彼がクラスメートのみんなから受け入れられるようになったことです。

　２年目になると、問題行動は激減し、学校生活へ積極的に参加するようになりました。われわれは彼がする勉強の量を多くしました。ハードルを上げたにもかかわらず、整理整頓、身辺管理、ビデオ学習、ご褒美、定型発達の新しい友人を増やし、趣味の友人関係やクラブに参加するなど、継続して社会性の改善が見られるようになりました。彼は勉強面と社会性の面で劇的に成長を示し続けました。数年後、まだ何か勉強や社会性の面で遅れを示しているかもしれませんが、今現在、彼はみんなと同じカリキュラムで勉強し続けており、しかも日々成長が続いているのです。学校では不適応行動は示さなくなり、校外の遊び場でも問題行動はなく、適応的な活動が多いのでみんなから好かれています。教科の勉強も社会性も成長を続けているのです。

　JCの成功の原因は、豊富なサポートプログラムと定型発達の子たちに囲まれた環境にあります。定型発達の友だちと一緒に楽しく過ごすことで、友だちの行動をモデルとして見習うことができるようになります。クラスの一員として完全に混じることが、良い結果につながる重要ポイントなのです。この教育プログラムでは、JCに学習と定型発達児との交流に動機づけるピボタルに終始注目して進めてきました。そのため、JCの示した行動のひとつひとつは定型発達の子のそれにそっくりだったのです。

Q. みなさんはこれらのことができていますか？

ご両親に向けて
1. 子どもは地域社会の中に参加していますか？
2. 子どもは学校で、学外で、定型発達の友だちと遊んでいますか？
3. 子どもに、実社会で自立できるようにしつけていますか？ 実社会で幸せに過ごすために必要なスキルを身につけないと、無気力で閉じこもりになるリスクに気をつけていますか？
4. 子どもに、勉強や社会性の交流を持てるような機会を作っていますか？ 自信を持ち、しっかり仲間意識を持っていますか？

先生に向けて
1. 子どもが付き合っている友人の名前を親に知らせていますか？
2. 子どもが定型発達の子たちと積極的に付き合うためのプログラムを用意していますか？
3. 校内、校外で定型発達の子と交流し、同じようなことをしようとしていますか？
4. 定型発達の子も不定型発達の子も、勉強してその知識を生活の中で使いたくなるような、十分に動機づけ効果があることをしていますか？

Ⅱ. 生活内でのアセスメント

　Alyssaはテストの成績が良くなく、向上心などまるでない小学校の上級生です。教室での成績と標準学力検査の結果に基づいて、学校は親が思っているよりもはるかにレベルの低いカリキュラムをすすめました。家庭では、彼女は指示によく従い、少々難しい注文にも応じることができます。彼女の語彙数は豊富なのですが、検査では使える語彙に大きな偏りがありました。親が学校との間で行きづまり、助言を求めてわれわれのセンターにやってきました。

テストと学校のカリキュラム

　私たちのアドバイスがどんなものか、たぶん、想像できるでしょう。子どもの能力レベルを知り、その子に適切なIEP（個別教育プログラム）を考え、家庭での指導目標、カリキュラムを考案するためにテストが実施されます。テストをするのは、通常、IQ（認知）検査、言語検査です。このタイプのテストは、標準化された手続きで、テーブルに座らされ、検査者が刺激カードを示して、子どもの知識の程度を調べます。ここで忘れてはならない重要ポイントは、さまざまなテストの実行方法があるということです。どのテストを選択するかは自閉症の子どもたちには特に重要です。それがきわめて重要なことをひとつの例で紹介しましょう。私たちはかつて幼い自閉症の子にさまざまな鉛筆画を使って標準受容言語のテストを行いました。子どもにベッドの絵を指さすように言うと、テーブルの絵を指すのです。マジックミラーで見ていた父親は自分の額を叩いて怒り始めました。「毎晩、私は子どもにベッドへ行けと言うと、うちの子はベッドに行ってジャンプしているが、テーブルでジャンプなんかしたことはない！」と言うのである。いろいろな出来事がある実生活の中で標準のテストをすると、思わぬところで情報の間違いをしてしまいます。ある子は好成績を収め、別の子は劣等

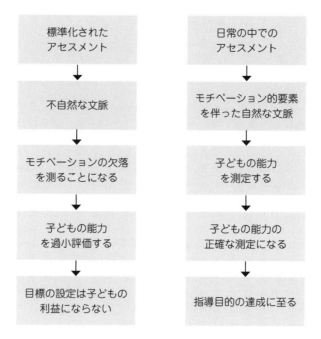

図7-3. 標準化されたアセスメントと日常の中でのアセスメントの違い.

生で、また別の子はそこそこであったりします。子どもたちはそれぞれテスト結果に応じて評価されます。しかしそれにしても、このカリキュラムは全体的に不適切で、ことばを解さない子と判断されてしまいました。

　Alyssaのケースも同様なのです。ここでのテストの点数は彼女の能力を示しているわけではなく、モチベーションの欠落を示しているだけなのです。動機づけを考慮した教師の手作りの試験に、正解に強化子を随伴させたりすると、子どもは自分の能力を示し適切な評価ができるはずなのです。

　考えてみると、もしAlyssaのような子どもがいて、すでに十分な数の語彙を知っているなら、指導は無意味になり、大変な時間の無駄になります。逆のことが生じても同じです。テストでことばを

迷信：カリキュラムレベルよりも、課題をこなす行動のほうがずっと重要なのです。言い換えれば、子どもが、乱暴行動を示したりしないように、簡単な教科の個別指導のほうがいいのです。

真実：自閉症スペクトラム障がいの子どもたちの多くは、非日常的なテスト課題をするとイライラして問題行動をする場合があります。われわれはまずは、実際に持っている学力よりもかなり簡単なカリキュラムを行います。学ぶ子どもにとってカリキュラムは適切でなければならないのです。

 正確に読めても、意味を知らなければ、発話は役に立ちません。カリキュラムが適正でなければならないのです。日常生活での単語、文法、ことばの使い方のバランスが取れているということが大事なのです。
　言語検査の問題のひとつは、数ある検査のいずれも、自閉症を持つ子にとって、面白くもなんともなく、動機づけがゼロなことです。退屈で、単調で、無意味で、そんな時には、いらいらし、むしゃくしゃし、テストの設問に答える気分にはなれず、テストの間中、憂鬱で倦怠感を感じています。例えば、そんな子どもはテスト場面ではちゃんと答えてくれないのかもしれませんが、日常生活場面なら適応的な行動を示して全く問題がなかったりします。キャンディを家族で等分に分けるなどの具体的に意味のある課題なら、簡単にこなしたりするのですが、同じ意味のある分数計算の練習帳に関しては全く意味を理解していなかったりしています。同様に、ある子が、文法的に正しい文章を面白く書くことができたとします。そのことはすばらしいことなのですが、一方で休み時間や昼休みにクラスメートと校庭を一緒に走り回っている間、全くの無言だったとすれば、正しい文章が書けたとしても、そのことばは意味を成していないのです。要するに、介入の場合と同様に、テストのようなアセスメントの場合でも日常生活の中で実行する必要があるのです。

日常生活を有効利用する

　アセスメントは重要ですが、アセスメントの結果が正確に対象を捉えていなければ意味がありません。そんな妥当性のあるアセスメントを得る基本となるものは、子どもの日常生活内での様子を理解することです。もしあなたが学校の先生であれば、子どもの日常の出来事をよく観察し、クラスメートへの言語や行動のサンプルを収集し、家庭訪問をして家庭での働きを見聞し、親の話を聴くことです。反対に、親であれば、先生を訪問し、どんなことに興味を示し、何が得意なのかを確かめてください。それが難しいなら、子どものビデオ記録、IEPの記録、三者懇談などの記録を見てみましょう。現実的で適応的な目標設定とカリキュラム構成が大切です。そして、日常生活での観察が正確なアセスメントを可能にしてくれます。

　次に考えることは、正規の標準的に行われているテストのことです。自閉症スペクトラムの子（に限らず、たいがいの人間は皆）は、報酬や興味・関心なしで課題をするのは困難です。それとは対照的にもし課題に意味があり、関係のあるものなら、みんな頑張って一生懸命課題を行い、モチベーションが上昇します。最初に考えるべきことは、テスト場面で子どもはどんな行為をするかです。未知の大人と一緒にいて不安でないはずがありません。知らない課題に直面して、心細くないはずがないのです。テストにおいて白黒の絵を提示され、馴染みのない刺激物を提示され、戸惑わないとでもいうのでしょうか？　モチベーションのなさが反映しないように、回避や拒否が反映しないように、子どもの能力をテストに正確に反映させることが教師の仕事です。もしテストが子どもの能力を過小評価していると思ったら、標準化にこだわる必要はありません。別の条件下で査定してみましょう。子どもの家でテストしてもいいし、標準化されていない手順でもいいし、行動観察だけでもいいのです。専門のテスターであれば、子どもの能力が忠実に示される指標で推定してもいいのです。問題行動を親に来てもらって対応してもいい

し、子どもが何をしてほしいのかなどの動機づけ状態の理解に親に手伝ってもらってもいいのです。

　正確な評価は、カリキュラムを適正なレベルに導き、子どもの成長を標的に向かって進めてくれます。この過程がまさに介入の基本なのです。子どもはしばしば先生の授業内容を変更させるために問題行動を示すことがあります。たいがいの教師は、問題行動を示すと、それを直接減らそう、または課題を楽しくしようとせずに課題をもっと易しいものにしてしまいます。結果として、授業が子どもの学力以下になってしまい、教室で座っているだけか退屈を紛らわすだけでその場での学習はゼロになってしまいます。すべては問題行動のせいなのです。教室からの飛び出しや居眠り、無気力、授業拒否などは子どもの愚かさのせいではなく、別の問題のせいなのです。クラスで具体的に問題がなかったりすると子どもの行動を見逃してしまいます。子どもたちには進歩が必要であり、積極的に勉強もするのです。このことは定型発達の子と何の変わりもありません。

　テストの精度をアップさせる方法を考えてみてください。実際のアイデアを紹介しましょう。

- 何が子どもを動機づけるかを見つけましょう。テスト場面に存在する情報を利用してください。テスト課題を小刻みに分割し、動機づけの対象物を報酬に利用し、あるいは、子どもの反応を動機づける別の戦略も利用しましょう。同じものばかりが続くとモチベーション低下を招きます。
- 両親と面接し、子どもが能力を十分に発揮できる状態かどうかを確認しましょう。例えば、語彙は十分だけど言語テストが悪いというのであれば、その原因を確かめましょう。
- 子どもが指示に注意を払い、答えられるかどうかを確かめてください。答えを言わせる前に、指示を反唱させたり、テスト課題を指さしさせたりしましょう。
- 実生活でどの程度適応しているかを観察しましょう。
- テスト遂行中に勝手なことをしたら、中断させないようにしまし

ょう。
- 子どもに答えなければならない質問の数を正確に知らせましょう。課題が全部終わるまで質問を見てはいけないと教えてあげてください。
- より実践的で、より実用的な質問を独自に付け加えてください。もう一度言いますが、正しいテストをし、正しいプログラムと正しいカリキュラムとで支援すれば、自閉症を持つ子は、大きく潜在能力を伸ばしてくれるようになります。

　私たちは学校訪問の時に、まさに上記のシナリオ通りの状況に遭遇しました。ひとりの子がひどい問題行動を示しているので、クラスでは全く違うカリキュラムが与えらました。どうなったかは明らかです。子どもはちょっとでも難しい課題がある時にはいつも、問題行動を始めます。課題が彼女の能力よりずっと下で簡単であればあるほど、子どもは天使のようになります。教師や介助スタッフ、１対１でサポートする人たちにとって好都合なのですが、子どもが静かにひとりで勉強していても、何も学んでいません。子どもは、子ども自身は意図していようがいまいが、結果的に教師やスタッフを逆にコントロールしていて、努力をせずにすむカリキュラムをしているだけです。さらに悪いことに、特別支援の先生は、彼女はしっかり勉強できていると考えていて、新しいことを学習するよりも自分ひとりで勉強できるほうがはるかに重要だとすっかり信じきってしまっているのです。話し合いの後に、われわれは介入の中により挑戦できる課題を入れ込み始めました。数カ月後、彼女はちょっとした修正のみでクラスメートと同じ課題に参加することができるようになったのです。

　Sean はアスペルガー症候群の診断を受けていますが成績優秀な高校生です。記憶力が抜群で、ゴルフから世界史に至るまで読書範囲が幅広くて専門家並に物知りです。ところが試験となると、全く

日常生活での介入とアセスメント　第7章

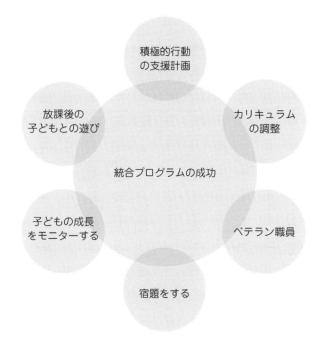

図7-4．統合プログラムの成功要素．

成績が振るわなくなります。Aがとれるはずなのに、彼はBしかとれません。高校生にとって、良い大学に入るには成績がすべてです。知識は十分ですが、とにかくテストだけが問題なのです。そのような彼の問題をどう解決するかについて、われわれは以下のe-mailを送りました。

　……テストに関しては、テストの後チェックをするためのセルフマネジメントのプログラムを学校の先生方全員で始めてほしいと考えています。テストが終わる前にひとつひとつの問題を自分でチェックさせるだけです。自分で答えをチェックしてから次の問題にとりかかるべきなのです。彼が問題をひとつひとつチェックせずにテストを終わらせようとするならば、後ろにいる先生が指摘して、自分の答えをチ

ェックするように促してください。彼は優秀な学生なのですから、見直すという行動を獲得するだけでケアレスミスがなくなり、高校ではトップの成績がとれ、大学に行けるようになると思います。大学に行くことで長い彼の人生は大きく変わるでしょう。彼は優秀なので、おそらく、テストが終わるまでに時間が余っていると思います。もしそうでなければ、余った時間が作れるようテストのやり方を取り計らっていただきたいのです。彼は時間の制限があると正確な答えが書けなくなります。今は、彼にふさわしいやり方をとっていただきたいのです……

　先生が黒板に、両親が口頭で、テスト後のチェックをするようしつこく言うようになりました。すると、次の週の試験でオールAをとることができるようになったのです。しかし Sean は、「先生が試験の時に自分の机の後ろに来るのは、高校生だし、すごく恥ずかしいよ。チェックをすることはわかったからさ、後は自分でするよ」と両親に言ったのです。

Q. みなさんはこれらのことができていますか？

ご両親に向けて
1. 子どもは正確な検査を受けているでしょうか？
2. カリキュラムは子どもに適切でしょうか？
3. 学校の施設が意欲をもり立て、動機づけを高めるようになっていますか？

先生に向けて
1. 多様な環境の中で動機づけを高める状況でテストしていますか？　カリキュラムは適切ですか？

2. 子どもたちの学習のために意欲がかき立てられるようなカリキュラムを考案していますか？
3. 子どもが問題行動を示したら、自分が退屈なカリキュラムを出していないかどうか、検討していますか？

第8章

データを収集することとは

Sarah Kuriakose[*]

　教師、臨床家、保護者たちは、「データ」と聞いただけでドキドキしてしまいます。生活場面重視のPRTなのに、データ収集の手続きで台無しになるのではと思うかもしれません。しかし、データ収集は、実際にしてみると結構面白いもので、役に立ち、介入の効果を高めてくれるものなのです。教師あるいは臨床家として、指導を始めるには、子どもの成績の程度を確認し、レベルの微調整が必要なのです。次に、設定した目標に到達できたかどうかをモニターしなければなりません。そして、最後に、子どもがマスターした行動をどんなところで、どんなふうに、どんな頻度で実行できるのかを評価します。何ができ、獲得し、広がり（般化）、維持できているのか？　その確認のためには、データの収集が必要です。子どもはひとりひとり異なるのです。教え方の違いで、効果はそれぞれバラバラで微調整が必要になります。そのためにも、データに頼ることになってくるのです。

　子どもの個性を明確にすることが、データ収集の目的です。指導の際に子どもの成長を正確、頻繁にモニターすると、子どものカリキュラムを適切に調整でき、子どもの学習がスピードアップします（Safer & Fleischman, 2005）。定期的に進捗状況をモニターした場合はそうでない場合に比べて、0.7の標準偏差値の違いが示されて

---

[*]原註：Sarah Kuriakose, M.A., カリフォルニア大サンタバーバラ校、カウンセリング、臨床、学校心理学部で博士号の訓練を2012年に終了し、現在、ハーバード大学医学部でインターン生、自閉症スペクトラム関係の論文多数の執筆者。

います（Fuchs & Fuchs, 1986）。要するに、介入プログラムの実施に関しても、効果確認のためにきちんとデータを収集すべきなのです。介入前、直後、最中、終了時、と介入の際にはすべてデータを収集し、それだけでなく介入終了しばらく後のフォローアップ、さらに介入とは関係ないかもしれない行動が拡大している時（般化事態）においてもデータを収集するのが望ましいのです。

データ収集は難しいものでなく、時には楽しいものである

データ収集に怯えないでください。データには圧倒的な説得力があるからです。実際にデータがなくとも生徒はちゃんとできるようになってきているとあなた方は感じるかもしれませんが、データなしで、人の感覚でできているとしてしまうことは決して良いことではありません。人は大体セッション中の良かったところだけ、または悪かったところだけを記憶しているものです。寝不足だったり気分が悪いと、疑問に思うことばかりが目に付くかもしれません。逆に、気分が良いと、結果良好と書いてしまうかもしれません。のろのろやっていると、いらいらして、教師は子どもが停滞していると思ってしまい、ゆっくりだけど着実に進歩しているのに、不必要に介入方法を変更してしまう場合もあります。定期的で組織的なデータ収集をすることは、有効な介入を維持させる力を持ち、効率の悪い介入の変更を助けてくれるのです。

次に、できるだけ簡単にデータを収集する方法に関する話をしてみましょう。誰も見たことがないほどの大量のデータの山があるとします。教師、セラピスト、保護者は忙しすぎて、利用法がわからないものに時間を割くことなどできるわけがありません。それにもかかわらず、われわれにはデータ収集をする理由があるのです。すなわち大量のデータは一部を調べるだけで全体の様子を理解できるのです。数々の論文や、大量のデータ用紙、複雑なグラフはいりません。実際には最良のデータ収集は難しいものでも安易なものでも

ありません。介入とその目標を導く見本となり、手助けをしてくれるものなのです。

　データ収集をどう始めたらいいのでしょうか？　有効なデータ収集にはいくつかの重要ポイントがあります。
1）最終目標を慎重に定義し設定する。
2）定義した目標行動の最適な測定法を明確にする。
3）ベースラインのデータを測定する。
4）介入過程のデータ測定をする。
5）般化と維持のデータ測定をする。
6）治療実施過程の忠実度の記録。

　次にこの各段階をひとつひとつ詳しく取り上げます。教師、臨床家はデータ収集をし、そこから情報を引き出します。また親たちも介入の中で、自分たちで収集するデータから貴重な情報を手に入れることができるのです。

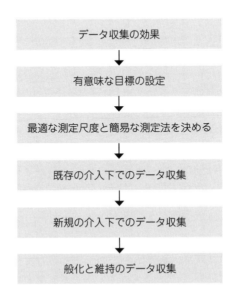

図8-1．データ収集の有効性．

迷信：データの収集はめんどうくさいだけである。

真実：個別のデータ収集は、難しいものではなく、役に立つものである。

Step 1：最終目標を慎重に定義し設定する

　データ収集の第1段階は最終目標をしっかり定めて、作っていくことです。最終的な目標をできるだけ具体的にすることが重要です。例えば、コミュニケーションの問題に取り組むのであれば「コミュニケーション活動の増加」などでは曖昧すぎます。「2語文の発話回数」「友人の質問への応答回数」「友人との会話中の自発的な質問回数」などにすべきなのです。こうした目標であれば簡単に観察することができ、回数を数えることが楽になります。ソーシャルスキルを取り上げているなら、「休憩時間に友人たちと遊んでいる時間の割合」とか「友人に対する言語交流の回数」「友人たちと自分のほうから遊びを始める回数」など、スキルを定めていきます。「相互コミュニケーションの改善」などと言うよりは、ずっと正確に測ることができるのです。

　何が目標かがはっきりしたら、子どもを観察している全員が目標を見違っていないことを確認しましょう。例えば、「兄弟間の不適応行動の減少」を目標にするのであれば、何が不適応行動なのか人によって判断が異なります。「けとばす」「殴る」「ものを投げる」「金切り声を出す」などはっきり行動を定めれば、どんな行動を不適応とするのかがはっきりします。

　次の例は、目標とする行動をどのように定めるかを示すものです。これから Rose、Mason、Julian の3人の子どもたちを例として、われわれのやり方に沿って、具体的なデータ収集を見てみましょう。

表 8-1. 最終目標の設定と定義

曖昧な目標	明確な目標
コミュニケーションの増加	・過去時制の文章を正確に使う。 ・過去の出来事を正確に話す能力の向上。 ・社会的な会話中に視線合致の能力の向上。
社会性スキルの向上	・行為の改善。例えば、視線合致や会話中仲間と一緒にいる（うろうろしたりせずに）。 ・いろいろと適切に仲間に話しかけることが多くなる。 ・仲間との会話で質問をすることが多くなる。
適切な行動の向上	・ゲームでの役割交代の回数の増加。 ・ゲームで負けても柔軟に対応できるようになる。 ・ディナーで行儀良く座っていられる。

Roseの目標

　Roseはまだことばの出ていない2歳になる女の子です。彼女にとっての目標は「コミュニケーション能力の向上」です。特に1語文の増加です。言語獲得前の彼女にはそれが最適な目標となります。

　Roseの目標：1語文の発話回数と種類の増加、あるいは、言語モデルに反応しようとする意欲の増大。

　おそらくデータシートの縦軸を次のように想像するでしょう。1）正確な発語数、2）正確な発語の試み、3）発語の語形、4）言語モデルに対する反応率、の4つになります。どれくらい明確にRoseがしていることを示すことができるのでしょうか？　このデータによって彼女がたくさんのことばを言っていることを表すことができただけでなく、Roseの行動に関して明確な理解を得ることができました。この4つのデータにおいては、Roseがしていた反応のひとつひとつを事細かく収集していません。Roseが目標に向かって進歩していることを確認できるデータだけで十分なのです。

Roseの目標が確かに上昇していることがはっきりとわかるデータを収集しましょう。

Masonの目標

　Masonは6歳の男の子で、統合教育の小学校に在学しています。彼はいつも孤独で、映画の登場人物や映画の脚本に没頭しています。時々自分にとって面白くないゲームが始まると、彼はその場から逃げてしまいます。Masonにとっての適切な目標は、仲間との社会的参加の向上にあります。

　Masonの目標：仲間とのゲームや遊びへの参加時間を長くする。

　この子のデータ用紙をどうしますか？　最も使いやすい用紙はどんなものでしょうか？　1）好きな遊びの種類（想像遊びに限らず）、2）仲間と一緒の総時間、3）一緒に遊んだ仲間の人数。休憩時間に仲間と一緒に過ごした、その質の評価。Masonにいたっては、1）2）3）のデータはともに、仲間との遊びや交流に参加し、はじめからうまく参加し始めていることを示すようになりました。

Julianの目標

　Julianは13歳の男の子で、会話がスムーズにいきません。仲間からの質問には答えるが、めったに自分から質問をすることがなく、会話がもたもたして、不器用に間延びして沈黙が続いてしまいます。学校では孤独になりがちですが、しかしJulianは友人が欲しいと思っています。Julianにとって、目標はクラスメートとの会話、クラスメートとの交流です。

　Julianの目標：休憩時間でのクラスメートとの交流時間を長くし、会話で質問の回数を多くする。

　データ用紙の項目は次のようにするのが良いと思われます。1）仲間と一緒に遊んだ時間、2）交流した仲間の人数、3）仲間に質問した回数。QOL（生活の質）のデータが必要なら、学外での友

第 8 章 データを収集することとは

|||||||||||||||||||||||||||||||||||||||||||||||||||||||||||||||||||||||||

迷信：データは無意味な数字の羅列に過ぎません。

真実：データは子どもとその家族の生活を改善し、社会的に意味のあることを示してくれるし、貢献もしてくれます。

|||||||||||||||||||||||||||||||||||||||||||||||||||||||||||||||||||||||||

人関係のデータを収集しましょう。

要　約

　3人の子どもに共通するのは目標となる行動です。いずれも目標の行動が生起したか生起しないかが誰の目にもはっきりしています。子どもたちのことを知らない赤の他人で、それぞれの長所短所を知らなくても、適応行動の生起不生起の判断ができるテスト。これは、「ストレンジャーテスト」と呼ばれています。データ収集を始める前には目標となる行動がストレンジャーテストを通過できるかどうかを確認しなければなりません。PRT介入を行うための標的を定義する場合には、限定的、独断的な目標は定義できないことを理解してください。目標は意味のあるものじゃないといけないことに注意しましょう。

Step 2：標的目標の測定

　第2段階は、標的目標の最適な測定法を見つけることです。特定の行動にはそれぞれ一番良い測定法があります。行動を効果的に捉え、介入しながら簡単にデータ収集ができるほうが良いのです。データ収集の種々のやりかたを次に示します。

　頻度（出来事の生起回数）の記録は、一定時間の中で標的行動が起こった回数のことを言います。この尺度は、「始めと終了が明瞭な行動」、例えば質問とか、唾吐き、ゲーム中の交代などのデータ収集には都合がいいものです。ところが仲間との交流や適切に玩具

表8-2. 標的目標の測定

方法	説明	例
頻度（行ったこと）の記録	標的行動をある時間帯に行った回数。	・疑問を尋ねる ・場面に合ったことば
試行したことの記録	行動する機会や促し（助言など）があった際に子どもの反応を測定し、それをパーセントに書き換える。	・はじめてのことば ・場面に合ったことば
持続の記録	どのくらい長く行うのかを測定する。	・癇癪 ・友だちと関わること
間隔の記録	楽しい行動の時間をパーセントで測定する。	・会話の話題についていく ・場面に合った声の大きさ
潜伏時間（潜時）	時間の中で準備から行動開始までの時間の長さを測定する。	・集団の中で適した行動 ・勉強の課題についていく

で遊ぶとか、癇癪のようにスタートと終了が曖昧な場合は、あまり適していません。

試行したことの記録は、行動をする機会や促した際の子どもの反応をパーセントで表します。例えば、好きな玩具の色を子どもに「何色ですか？」などと聞いて、正解をデータ用紙に記入します。この方法で、介入とベースラインとを比較し、子どもの反応が良くなっているかどうかを評価します。それぞれ介入を試したデータは子どもの正解率を明らかにすることができます。

持続する時間の記録は、いつからいつまで行動を行っていたかを測るものです。行動が長く持続し、行動の始まりと終わりがはっきり定義できる場合に有効です。例えば、介入によって癇癪の時間が短くなるのか長くなるのか、癇癪の持続時間を測定することができます。持続時間記録の特徴は、あらかじめ決められた時間から行動が開始するまでの時間、すなわち潜伏時間を測定することができます。例えば、宿題をしなさいと言われて宿題にとりかかるまでの時

データ収集はいろいろなところで利用されている。この写真のような電子機器を使う場合もあれば、簡単に紙と鉛筆の場合もある。重要なことは、データ収集をPRTの部分修正と結果の評価に使用することである。

間を測定する場合に使います。また持続時間を記録することは、すぐに乱暴を働く子どもや大人に、公共の場で何も問題なく長時間いることを教える時などに効果があります。例えば、食料品店へ行かせて乱暴行動をするなら、乱暴行動の前にどの程度買い物に時間を費やすかをデータ化します。なぜなら乱暴行動を行う前の時間が長ければ長いほど（潜伏時間が長くなる）、介入に効果があるということになるはずです。

間隔記録では、楽しい行動に没頭している間隔の割合を測ります。時によって、行動は持続することもありますが、持続の測定は意味をなさない場合があります。例えば、自由時間にどうしているかが気になった際、自由時間内ではいろいろあって行動は中断したり再開したりします。課題を熱心にしているかどうかを測定したい場合は、ただ持続の測定をするだけでは熱心さを始めから終わりまで確認できません。その場合、時間間隔を測ります。休憩時間中にどの程度クラスメートと一緒に過ごしているかを知りたい場合は、休憩時間を30秒ごとに分割し、チェックする。この間隔のうち、3、

|||||||||||||||||||||||||||||||||||||||||||||||||||||||||||||||||||||||

迷信：データのタイプは 1 種類である。

真実：データ収集は標的目標に合わせなければならない。

|||||||||||||||||||||||||||||||||||||||||||||||||||||||||||||||||||||||

4、5、10 でクラスメートと交流が認められたら、4/10、あるいは、40％、クラスメートとの接触があったということになるのです。

もう一度、Rose、Mason、Julian に戻って、データ収集法の意味を考えてみましょう。

Rose のデータ

Rose のような標的目標（1 語文の発話）に対しての正しいアプローチは、「試行したこと」のデータでしょう。なぜなら、反応するタイミングが固定されているからです。すなわち、彼女に対する PRT のモデルが提示され、それに合わせて、Rose がどう反応するかを見るからです。試行した際のデータ収集なので非常に簡単です。Rose の研究では、1〜20 の記録用紙を使うだけなので、図表で結果がどうだったかを簡単に示すことができます。Rose はちょっとしたヒントで 1 語文の発話を示し、記録用紙にそのことばと Rose が試みたことを記入しました。彼女は試行数を無視して反応したりせず、言っていることを正確に理解しています。Rose が試みた時には、自分の反応試行のパーセンテージまで理解しているように見えます。数日間にわたりこうしたデータを取ると、Rose がモデルから学習して反応が改善されているかいないかをはっきり明言できます。

Rose がいかに反応するようになったかが明確になったらそれでいいのです。もしデータ収集が介入の流れを妨害する、またはデータが実態を示していないと思うなら、記録を見直し、スコアを再検討し、改めてデータ収集をすることです。データが間違っていなければいいのです。データの変動を引き起こすものがあるなら、それ

単語	試み	単語	試み
1		11	
2		12	
3		13	
4		14	
5		15	
6		16	
7		17	
8		18	
9		19	
10		20	
単語の変化		単語の変化	
訂正反応の割合		訂正反応の割合	
反応の割合		反応の割合	
全反応		全反応	

図8-2．Rose のデータ用紙．

をもっと詳細に調べるべきなのです。検査者が違えばもっと成績が向上しないだろうか？　曜日が変われば反応が変わらないだろうか？　月曜日は人が多くないだろうか？　部屋が変わると反応が変わるのか？　データについての重要な問題は、子どもたちのために一番良い指導法を探し、一番良い教材を考え出すことです。

《注意》介入プログラムに必要な情報が得られればいいのであって、それ以上のデータは必要ではありません。毎試行のデータは必要ないのです。例えば、週に数回の癇癪を起こすのであれば、おそらく、毎回の癇癪のデータを取るでしょう。しかし、今回は、促した際の初語の発話のデータが欲しいのです。それならば数日に1回、週に1回の実施なら簡単に実施できます。逸脱行動があれば発話行動が下がってしまう（反比例する）ので、データ収集は時間の無駄

||||||||||||||||||||||||||||||||||||||||||||||||||||||||||||||||||||||||||||

迷信：データは毎試行取る必要がある。

真実：データは週に1回程度まとめて小さな変化を確認し、あるいは、月に1回程度まとめて大きな変化を確認する。

||||||||||||||||||||||||||||||||||||||||||||||||||||||||||||||||||||||||||||

になります。しかし、予定通りのデータ収集を続けるほうがいいのです。なぜなら逸脱行動がある場合をデータ化することで勉強の仕方の微小な修正ができ、次の段階の標的目標への移行がスムーズになるからです。

Masonのデータ

仲間と一緒に遊ぶ時間を長くする、というMasonの標的目標はいろいろ組み合わせて記録を取らなければなりません。遊びの種類、一緒に遊ぶ仲間の数、どんなことがあったのか、という記録項目を詳細に取る必要があります。観察している間、何分間それが続いたのか？　ゲームや遊びの中で友だちとどれくらい熱中して遊ぶことができたか？　これらのデータには重要な意味があります。例えば、ゲームの開始時にタイミングよく参加し、適当な時間まで熱心に参

友だちと一緒にいる時間	友だちの数	遊びの数
月曜日		
火曜日		
水曜日		
木曜日		
金曜日		
友だちと出かけた回数		

図8-3．Masonのデータ用紙．

加し、周囲に気を配ってやめることが重要です。この場合、持続時間記録法が適切であり、このデータで仲間と遊んでいる時間が次第に長くなっていくのを確かめます。

Julian のデータ

Masonと同じように、Julianも仲間と一緒に時間を過ごし、会話で質問をたくさんしたかということをデータ分析することが重要です。Julianはグループの友人たちと過ごしたい、いろいろな遊びもしたいと思っています。そんな場合は、時間間隔記録法が有効です。例えば、週に1度、お昼休みの前半、中頃、後半をそれぞれ10分程度観察します。学校生活ではお昼休みに食事とかスポーツとか、クラブの会合などの活動がいろいろあります。ある日たまたま質問の回数が少なかったり、突然の行動があったりしても、時間間隔記録

熱心な （ないしは不熱心な） 交流時間	質問回数	相互交流時間
1		
2		
3		
4		
5		
6		
7		
8		
9		
10		
交流した仲間の人数		
遊びに種類		
交流や遊びを行っている 時間のパーセンテージ		

図8-4．Julianのデータ用紙．

法であれば最終目標への過程を忠実に表してくれます。10分間のデータを10回取ります。時間間隔記録法を使う場合には、毎回同じ時間間隔で記録を繰り返すことが重要です。2分間に2回の質問と30分に3回の質問を比較することは意味がありません。相互交流のあるいろいろな仲間との質問の回数を測定することもあるでしょう。

Step 3：ベースラインの測定

　介入を始める前に、子どもの状態に関するデータを集めることがとても重要であるとは考えないかもしれません。なぜならすぐに介入を進めるべきでないのか、と思うからです。しかしながら、介入なしの子どもの状態（ベースライン、介入前測定などと呼ばれている）のデータがないと、介入によって子どもが変わったとは言えないのです。もしかしたら介入が原因ではなく、その前にすでに子どもの状態が良くなっていたのかもしれず、変化があったのは介入の効果ではなかったのかもしれないのです。介入前のベースラインデータの収集が必要なのは、1）ベースラインがあると、前後の変化より介入が効果を示しているとはっきり言える。効果が表れていないのなら、介入手段を変更する。2）何らかの理由で、勝手に良くなっているのであれば、時間の無駄をすべきでない。この2つの理由があるからです。ベースラインのデータ収集は手間のかかるものではありません。介入の直前に介入をしない期間を含めればいいだけです。もし介入前に改善があったら、そこに注目を続け、改善が無効にならないように介入を進めましょう。子どもの時間を無駄にすべきではないのです。

Roseのベースライン

　Roseはまだことばがないので、ことばの反応はゼロです。反応ゼロなので、ベースラインは無意味に感じるかもしれませんが、それでもベースラインの測定は必要です。もしベースラインなしで介

入をしてしまうと、ことばがゼロとだけしか言えなくなってしまいます。

Mason のベースライン

Mason にとって、遊びやゲームに好きなものを組み入れることが介入になります。ベースラインにおいて、休み時間に仲間とまったく過ごしていないなら（０％）、孤独だったということを意味し、仲間が遊んでいても全く参加できなかったことを示しています。数日間データを収集して、その通りであることを確認するのです。

Julian のベースライン

Julian のケースで、データをどのように取ればいいのかを理解するために、実際のデータを見てみましょう。昼休みには仲間と一緒にテーブルにいるのが普通で、決まったグループと一緒にごはんを食べています。しかし、昼食の時、グループの中で留まることが少なく、Julian はいつも周囲をうろつき始め、先生を探してうろうろするようになります。昼休みでは仲間たちはバラバラになってしまうので、彼には標的が必要だということがわかります。会話、質問が彼の標的目標なのです。

Julian は仲間とまったく会話をしません。しかし、昼食時間中に、先生となら１分あたり平均２回の適切な対話をしました。このベースラインから分析するに、先生との会話には指導の必要はありませんが、仲間との会話に関しては指導が必要なことがわかります。

要　約

ベースラインに関して頭に留めておくべき重要ポイントが２つあります。なんでもかんでもベースラインデータを取るのは適切ではない場合があることです。例えば、仲間や兄弟に

> **ベースラインの測定**
> 介入前の子どもの行動を測定すること。

対する攻撃行動のベースラインのデータ収集はすべきではありません。ベースラインがなくても、その事実は明らかであり倫理に反します。即座に止めるべきなのです。この場合、どんなときに攻撃行動が生じているか、過去の出来事から推測できます。

　また、もうひとつのポイントは、ベースラインから介入に至るまで、すべての条件を一定に保つことです。例えば「夜の10時頃」に「弟」と10分ほどの会話のデータをベースラインとして、次に介入として「昼食のとき」に「親しい友人」との10分の会話を収集し介入で改善があったとします。残念ながら、これでは介入による改善とは言えません。相手が良かったのか偶然良かったのか、判断ができないからです。相手や場所などが、ベースラインと介入とが一致していることを確かめる必要があります。ベースライン、介入、般化、フォローアップの各々のデータをしっかり確認すべきなのです。

Step 4：介入中のデータ収集

　これはすでに説明しています。介入を実行していること以外は、ベースラインのデータ収集とまったく同一です。

Step 5：般化と維持のデータ収集

　これまでのところで、標的行動の定義を理解したはずです。ベースライン、介入のデータを測定する最高の方法も明らかにし、介入効果があることも明らかにしました。もうひとつ、重要な最後の段階があります。般化が現れているかのチェックです。般化というのは、介入を受けた条件と異なる条件下でも変化が維持されるか、ということです。PRTの訓練効果が日常生活内でもきちんと機能するかどうかは般化にかかっています。これまでの説明からいろいろな般化を調べることができるはずです。例えばRoseにプレイルームにおいておもちゃを使って1語発話の指導をしたら、般化があ

れば彼女は友人宅でも、別の教材でも正反応を示せるはずです。Julianの場合なら、ある人と会話ができるようになったら、別の人との会話を挑戦させて般化を調べることができます。Masonの場合なら、クラスメートとゲー

> **般化と維持の測定**
> - 介入の成果が別の事態でも現れるかどうかを測定する。
> - 介入の成果が長期にわたり維持するかどうかを測定する（介入終了後）。

ムができるようになったら、般化があれば放課後の課外活動の仲間とゲームをすることができるはずなのです。

　介入に関わっている人は誰でも介入の成果が長続きしてほしいと思っているでしょう。ところが時として問題が解決したのに、夏休み終了後、休暇が終わると、介入前の状態にすっかり戻ってしまっていることがあります。そんなことにならないようにするには、ベースライン、あるいは介入に使用した同じ記録法を用いて、標的行動が維持する必要があり、もし維持されていないなら追加のセッションが必要になります。ここでもやはり、データ収集から貴重な情報を入手することになります。データ収集によって、介入がきちんと効果を上げていることを正確にモニターすることは、的確な判断を可能にしてくれるのです。

Step 6：介入の測定と実行の忠実性

　最後に重要なことは、介入が正しく実施されているかどうかにあります。臨床家、教師、両親など、介入をしている人たちがどの程度まで忠実に実行できるかにかかっています。実行の忠実性というのは、単に適切に行うことができるかどうかで、適切な施行は多くの研究過程で明らかにされます。適切に施行されていなければ、望み通りの行動変容を得ることはできません。忠実な実行を追求すれば、間隔記録法の手続きを用いることができるはずです。例えば、1秒あるいは2秒の時間間隔で正しい手続きを実行し、介入提供の

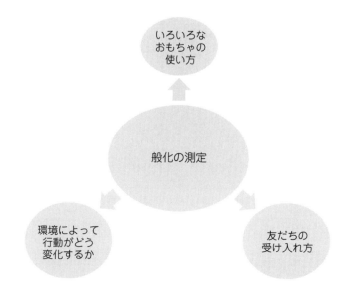

図8-5．般化の測定方法．

記録をすると、PRTの各基本において（例えば、日常生活内での強化子、強化子選択、友人選びなどで）上々の成果を得るようになります。データ収集のこうした特性が幅広く役に立つのです。PRTは真剣なビジネスであり、子どもにとって楽しいものではありますが、単純な遊びではありません。それがPRTの介入なのです。またPRTの実行は楽しいものですが、だからといって科学的なテスト介入を系統だって実行したり、介入への訂正を行う必要があったりすることを忘れてはいけません。介入で成果を上げるには忠実性を忘れてはいけないのです。忠実に行うためのデータ収集は介入内容が正確に機能していたことを証明するものです。結果として大きく成果が上がるはずなのです。忠実に行われているかどうかは、親を含めた介入を行う人たちは、データ収集によって証明できるよう

> **実行の忠実性**
> 介入が正しく行われているかどうかを測定する。

|||||||||||||||||||||||||||||||||||||||||||||||||||||||||||||||||||||||||||||||

迷信：データは子どもの行動に関して収集されます。

真実：介入は適切に実施されなければならないので、保護者の行動に関してもデータ収集をする必要があります。

|||||||||||||||||||||||||||||||||||||||||||||||||||||||||||||||||||||||||||||||

になります（より詳しい情報は、http://www.koegelautism.com で見ることができます）。重要な点は、介入が適切に行われているかどうか、子どもが希望どおりに改善が進んでいるかどうかなのです。

Q. みなさんはこれらのことができていますか？

☐ ☐ ☐ ☐ ☐ ☐ ☐ ☐

ご両親と先生に向けて

1. 規則的にデータ収集をしていますか？
2. 適切な間隔（毎日あるいは月１で）でデータ収集をしていますか？
3. 標的行動のデータ収集をしていますか？
4. 社会的に意味のある成果のデータ収集をしていますか？
5. （誰かに質問された時に）手続きを正確に実施していると言えるように、自分の行動のデータ収集をしていますか？
6. 手続きを正確に実施していると言えるように、自分以外の介入提供者の行動のデータ収集をしていますか？

参考文献

Albanese, A.L., San Miguel, S.K., & Koegel, R.L. (1995). Social support for families. In R.L. Koegel & L.K. Koegel(Eds.), *Teaching children with autism: Strategies for initiating positive interactions and improving learning opportunities*(pp. 95-104). Baltimore: Paul H. Brookes Publishing Co.

Baker-Ericzén, M.J., Stahmer A.C., & Burns, A. (2007). Child demographics associated with outcomes in a community-based Pivotal Response Training program. *Journal of Positive Behavior Interventions, 9*(1), 52-60.

Bandura, A. (1969). *Principles of behavior modification*. New York: Holt, Rinehart & Winston.

Barry, L.M., & Singer, G.H.S. (2002). Reducing maternal psychological distress after the NICU experience through journal writing. *Journal of Early Intervention, 24*(4), 287-297.

Beck, A.T., & Steer, R.A. (1987). *Manual for the revised Beck Depression Inventory*. San Antonio, TX: The Psychological Corporation.

Bernheimer, L.P., Gallimore, R., & Weisner, T. (1990). Ecocultural theory as a context for the individual family service plan. *Journal of Early Intervention, 14*(3), 219-233.

Bettelheim, B. (1967). *The empty fortress: Infantile autism and the birth of the self*. Oxford, England: Free Press of Glencoe.

Bijou, S.W., & Baer, D.M. (1966). Operant methods in child behavior and development. In W.K. Honig (Ed.), *Operant behavior: Areas of research and application* (pp. 718-789). New York: Appleton.

Bouma, R., & Schweitzer, R. (1990). The impact of chronic childhood illness on family stress: A comparison between autism and cystic fibrosis. *Journal of Clinical Psychology, 46*(6), 722-730.

Bristol, M.M., & Schopler, E. (1983). Stress and coping in families of autistic adolescents. In E. Schopler & G.B. Mesibov (Eds.), *Autism in Adolescents and Adults* (pp. 251-278). New York: Plenum Press.

Brookman-Frazee, L. (2004). Using parent/clinician partnerships in parent education programs for children with autism. *Journal of Positive Behavior Intervention, 6*, 195-213.

Bruinsma, Y. (2004). *Increases in joint attention behavior of eye gaze alternation to share enjoyment as a collateral effect of Pivotal*

Response Treatment for three children with autism. Unpublished doctoral dissertation, University of California, Santa Barbara.

Bryson, S.E., Koegel, L.K, Koegel, R.L., Openden, D., Smith, I.M., & Nefdt, N. (2007). Large scale dissemination and community implementation of Pivotal Response Treatment: Program description and preliminary data. *Research and Practice for Persons with Severe Disabilities, 32*(2), 142-153.

Carr, E.G., Newsom, C., & Binkoff, J.A. (1976). Stimulus control of selfdestructive behavior in a psychotic child. *Journal of Abnormal Child Psychology, 4,* 139-153.

Chambless, D.L., & Ollendick, T.H. (2001). Empirically supported psychological interventions: Controversies and evidence. *Annual Review of Psychology, 52,* 685-716.

Condouris, K., Meyer, E., & Tager-Flusberg, H. (2003). The relationship between standardized measures of language and measures of spontaneous speech in children with autism. *American Journal of Speech-Language Pathology, 12,* 349-358.

Dawson, M., Soulières, I., Gernsbacher, M.A., & Mottron, L. (2007). The level and nature of autistic intelligence. *Psychological Science, 18,* 657-662.

Dunlap, G. (1984). The influence of task variation and maintenance tasks on the learning and affect of autistic children. *Journal of Experimental Child Psychology, 37,* 41-64.

Dunlap, G., & Kern, L. (1996). Modifying instructional activities to promote desirable behavior: A conceptual and practical framework. *School Psychology Quarterly, 11,* 297-312.

Dunlap, G., & Koegel, R.L. (1980). Motivating autistic children through stimulus variation. *Journal of Applied Behavior Analysis, 13,* 619-627.

Dunlap, G., Koegel, R.L., & Kern, L. (1984). Continuity of treatment: Toilet training in multiple community settings. *Journal of the Association for the Severely Handicapped, 2,* 134-141.

Dunn, M., Flax, J., Sliwinski, M., & Aram, D. (1996). The use of spontaneous language measures as criteria for identifying children with specific language impairment: An attempt to reconcile clinical and research incongruence. *Journal of Speech and Hearing Research, 39,* 643-654.

Edelson, M.G. (2005). A car goes in the garage like a can of peas goes in the refrigerator: Do deficits in real-world knowledge affect the assessment of intelligence in individuals with autism? *Focus on*

Autism and Other Developmental Disabilities, 20, 2-9.

Egel, A.L., Richman, G., & Koegel, R.L. (1981). Normal peer models and autistic children's learning. *Journal of Applied Behavior Analysis, 14,* 3-12.

Fuchs, L.S., & Fuchs, D. (1986). Effects of systematic formative evaluation: A meta-analysis. *Exceptional Children, 53*(3), 199-208.

Gallimore, R., Weisner, T.S., Kaufman, S., & Bernheimer, L. (1989). The social construction of ecocultural niches: Family accommodation of developmentally delayed children. *American Journal of Mental Retardation, 94*(3), 216-230.

Gillett, J.N., & LeBlanc, L.A. (2007). Parent implemented natural language paradigm to increase language and play in children with autism. *Research in Autism Spectrum Disorders, 3,* 247-255.

Guess, D., Sailor, W., & Baer, D.M. (1978). Children with limited language. In R.L. Schiefelbusch (Ed.), *Language intervention strategies* (pp. 101-143). Baltimore: University Park Press.

Guess, D., Sailor, W., Rutherford, G., & Baer, D.M. (1968). An experimental analysis of linguistic development: The productive use of the plural morpheme. *Journal of Applied Behavior Analysis, 1*(4), 297-306.

Harper, C.B., Symon, J.B.G., & Frea, W.D. (2008). Recess is time-in: Using peers to improve social skills of children with autism. *Journal of Autism and Developmental Disorders, 38,* 815-826.

Harrower, J.K., & Dunlap, G. (2001). Including children with autism in general education classrooms. *Behavior Modification, 25,* 762-784.

Hewett, F.M. (1965). Teaching speech to an autistic child through operant conditioning. *American Journal of Orthopsychiatry, 35*(5), 927-936.

Hinton, L.M., & Kern, L. (1999). Increasing homework completion by incorporating student interests. *Journal of Positive Behavior Interventions, 1*(4), 231-234.

Holroyd, J. (1987). *Questionnaire on resources and stress for families with chronically ill or handicapped members.* Branboon, VT: Clinical Psychology.

Holroyd, J., & McArthur, D. (1976). Mental retardation and stress on the parents: A contrast between Down's syndrome and childhood autism. *American Journal of Mental Deficiency, 80,* 431-438.

Howard, J.S., Sparkman, C.R., Cohen, H.G., Green, G., & Stanislaw, H. (2004). A comparison of intensive behavior analytic and eclectic treatments for young children with autism. *Research in Developmental Disabilities, 26*(4), 359-383.

Hung, D.W. (1977). Generalization of "curiosity" questioning behavior in autistic children. *Journal of Behavior Therapy and Experimental Psychiatry, 8,* 237-245.

Kanner, L. (1943). Autistic disturbances of affective contact. *Nervous Child, 2,* 217-250.

Kazdin, A.E. (1977). The influence of behavior preceding a reinforced response on behavior change in the classroom. *Journal of Applied Behavior Analysis, 10,* 299-310.

Kern, L., Vorndran, C.M., Hilt, A., Ringdahl, J.E., Adelman, B.E., & Dunlap, G. (1998). Choice as an intervention to improve behavior: A review of the literature. *Journal of Behavioral Education, 8,* 151-169.

Koegel, L.K., Camarata, S., Valdez-Menchaca, M., & Koegel, R.L. (1998). Setting generalization of question-asking by children with autism. *American Journal on Mental Retardation, 102,* 346-357.

Koegel, L.K., Carter, C.M., & Koegel, R.L. (2003). Teaching children with autism self-initiations as a pivotal response. *Topics in Language Disorders, 23*(2), 134-145

Koegel, L.K., Koegel, R.L., Frea, W., & Green-Hopkins, I. (2003). Priming as a method of coordinating educational services for students with autism. *Language, Speech, and Hearing Services in Schools, 34*(3), 228-235.

Koegel, L.K., Koegel, R.L., Green-Hopkins, I., & Barnes, C.C. (2010). Brief report: Question-asking and collateral language acquisition in children with autism. *Journal of Autism and Developmental Disorders, 40*(4), 509-515. doi:10.1007/s10803-009-0896-z.

Koegel, L.K., Koegel, R.L., Hurley, C., & Frea, W.D. (1992). Improving social skills and disruptive behavior in children with autism through self-management. *Journal of Applied Behavior Analysis, 25*(2), 341-353.

Koegel, L.K, Koegel, R.L., Shoshan, Y., & McNerney, E. (1999). Pivotal response intervention II: Preliminary long-term outcome data. *Journal of the Association for Persons with Severe Handicaps, 24* (3), 186-198.

Koegel, L,K., Koegel, R,L., & Smith, A. (1997). Variables related to differences in standardized test outcomes for children with autism. *Journal of Autism and Developmental Disorders, 27,* 233-244.

Koegel, R.L., Bimbela, A., & Schreibman, L. (1996). Collateral effects of parent training on family interactions. *Journal of Autism and Developmental Disorders, 22,* 141-152.

Koegel, R.L., Camarata, S., Koegel, L.K,. Ben-Tall, A., & Smith, A. (1998) . Increasing speech intelligibility in chidren with autism. *Journal of Autism and Developmental Disorders, 28,* 241-251.

Koegel, R.L., Dyer, K., & Bell, L.K. (1987). The influence of child-preferred activities on autistic children's social behavior. *Journal of Applied Behavior Analysis, 20,* 243-252.

Koegel, R.L., Egel, A.L., (1979). Motivating autistic children. *Journal of Abnormal Psychology, 88,* 4118-4126.

Koegel, R.L., Egel, A.L., & Williams, J. (1980). Behavioral contrast and generalization across settings in treatment of autistic children. *Journal of Experimental Child Psychology, 30,* 422-437.

Koegel, R.L., & Koegel, L.K. (1988). Generalized responsivity and pivotal behaviors. In R.H. Horner, G. Dunlap, & R.L. Koegel(Eds.) , *Generalization and maintenance: Life-style changes in applied settings*(pp. 41-66). Baltimore: Paul H. Brookes Publishing Co.

Koegel, R.L., & Koegel, L.K. (1990). Extended reductions in stereotypic behaviors through self-management in multiple community settings. *Journal of Applied Behavior Analysis, 1,* 119-127.

Koegel, R.L., & Koegel, L.K. (2006). *Pivotal Response Treatments for autism.* Baltimore: Paul H. Brookes Publishing Co.

Koegel, R.L., Koegel, L.K., & Camarata, S.M. (2010). Definitions of empirically supported treatment. *Journal of Autism and Developmental Disorders, 40*(4), 516-517.

Koegel, R.L., Koegel, L.K., & Surratt, A.V. (1992). Language intervention and disruptive behavior in preschool children with autism. *Journal of Autism and Developmental Disorders, 22*(2), 141-153.

Koegel, R.L., Koegel, L.K., Vernon, T.W., & Brookman-Frazee, L.I. (2010). Empirically supported Pivotal Response Treatment for children with autism spectrum disorders. In J.R. Weisz & A.E. Kazdin(Eds.), *Evidence-based psychotherapies for children and adolescents*(pp. 327-344). New York: Guilford Press.

Koegel, R.L., & Mentis, M. (1985). Motivation in childhood autism: Can they or won't they? *Journal of Child Psychology and Psychiatry, 26,* 185-191.

Koegel, R.L., O'Dell, M.C., & Dunlap, G. (1998). Producing speech use in nonverbal autistic children by reinforcing attempts. *Journal of*

Autism and Developmental Disorders, 18(4),525-538.

Koegel, R.L., O'Dell, M.C., & Koegel, L.K. (1987). A natural language paradigm for teaching non-verbal autistic children. *Journal of Autism and Developmental Disorders, 17,* 187-199.

Koegel, R.L., & Rincover, A. (1974). Treatment of psychotic children in a classroom environment: Ⅰ. Learning in a large group. *Journal of Applied Behavior Analysis, 7,* 49-55.

Koegel, R.L., Schreibman, L., Britten, K.R., Burke, J.C., & O'Neill, R.E. (1982). A comparison of parent training to direct child treatment. In R.L. Koegel, A. Rincover, & A.L. Egel (Eds.), *Educating and understanding autistic children* (pp. 260-279). San Diego: College-Hill Press.

Koegel, R.L., Schreibman, L., Loos, L.M., Dirlich-Wilhelm, H., Dunlap, G., Robbins, F.R., & Plienis, A.J. (1992). Consistent stress profiles in mothers of children with autism. *Journal of Autism and Developmental Disorders, 22*(2), 205-216.

Koegel, R.L., Schreibman, L., O'Neill, R.E., & Burke, J.C. (1983). Personality and family interaction characteristics of parents of autistic children. *Journal of Consulting and Clinical Psychology, 16,* 683-692.

Koegel, R.L., Shirotova, L., & Koegel, L.K. (2009a). Antecedent stimulus control: Using orienting cues to facilitate first-word acquisition for nonresponders with autism. *Behavioral Analyst. 32,* (2), 281-284.

Koegel, R.L., Shirotova, L., & Koegel, L.K. (2009b). Brief report: Using individualized orienting cues to facilitate first-word acquisition in non-responders with autism. *Journal of Autism and Developmental Disorders, 39*(11), 1587-1592.

Koegel, R.L., Symon, J.B.G., & Koegel, L.K. (2002). Parent education for families of children with autism living in geographically distant areas. *Journal of Positive Behavior Interventions, 4*(2), 88-103.

Koegel, R.L., & Traphagen, J. (1982). Selection of initial words for speech training with nonverbal children. In R.L. Koegel, A. Rincover, & A.L. Egel (Eds.), *Educating and understanding autistic children* (pp. 65-77). San Diego: College-Hill Press.

Koegel, R.L., Vernon, T., & Koegel, L.K. (2009). Improving social initiations in young children with autism using reinforcers with embedded social interactions. *Journal of Autism and Developmental Disorders, 29*(9), 1240-1251.

Koegel, R.L., Werner, G.A., Vismara, L.A., & Koegel, L.K. (2005). The effectiveness of contextually supported play date interactions between children with autism and typically developing peers. *Research and Practice for Persons with Severe Disabilities, 30,* 93-102.

Koegel, R.L., & Williams, J. (1980). Direct vs. indirect response-reinforcer relationships in teaching autistic children. *Journal of Abnormal Child Psychology, 4,* 537-547.

Kuriakose, S., & Koegel, R.L. (2010, May). A longitudinal comparison of language assessments in young children with autism. In S. Kuriakose (Chair), *Cultural considerations for the assessment and influence of language in the treatment of individuals with developmental disabilities.* Symposium presented at the 36th Annual Convention of the Association for Behavior Analysis, San Antonio, TX.

Laski, K., Charlop-Christy, M.H., & Schreibman, L. (1988). Training parents to use the Natural Language Paradigm to increase their autistic children's speech. *Journal of Applied Behavior Analysis, 21*(4), 391-400.

Lovaas, O.I. (1977). *The autistic child: Language development through behavior modification.* New York: Irvington.

Lovaas, O.I. (1987). Behavioral treatment and normal education and intellectual functioning in young autistic children. *Journal of Consulting and Clinical Psychology, 55*(1), 3-9.

Lovaas, O.I., Berberich, J.P., Perloff, B.F., & Schaeffer, B. (1966). Acquisition of initiative speech in schizophrenic children. *Science, 151,* 705-707.

Lovaas, O.I. Koegel, R.L., Simmons, J.Q., & Long, J.S. (1973). Some generalization and follow-up measures on autistic children in behavior therapy. *Journal of Applied Behavior Analysis, 6,* 131-166.

Lovaas, O.I. Schaeffer, B., & Simmons, J.Q. (1965). Building social behavior in autistic children by use of electric shock. *Journal of Experimental Research in Personality, 1*(2), 99-109.

McCubbin, H.I., McCubbin, M.A., Nevin, R., & Cauble, A.E. (1981). Coping Health Inventory for Parents (CHIP). In. H.I. McCubbin, A. Thompson, & M.A. McCubbin (Eds.), *Family assessment: Resiliency, coping, and adaptation: Inventories for research and practice* (pp. 407-453). Madison: University of Wisconsin Publishers.

Moes, D., Koegel, R.L., Schreibman, L., & Loos, L.M. (1992). Stress profiles for mothers and fathers of children with autism. *Psychologi-*

cal Reports, 71, 1272-1274.

Mundy, P., & Newell, L. (2007). Attention, joint attention, and social cognition. *Current Directions in Psychological Science, 16*, 269-274.

Mundy, P., & Sigman, M. (2006). Joint attention, social competence and developmental psychopathology. In D. Cicchetti & D. Cohen (Eds.), *Developmental psychopathology: Theory and methods* (2nd ed., Vol. 1, pp. 79-108). Hoboken, NJ: Wiley.

National Autism Center (2009). *National standards report*. Randolph, MA: Author.

National Research Council (2001). *Educating children with autism*. Washington, DC: National Academy Press.

Nefdt, N., Koegel, R.L., Singer, G., & Gerber, M. (2010). The use of a self-directed learning program to provide introductory training in Pivotal Response Treatment to parents of children with autism. *Journal of Positive Behavior Intervention, 12*(1), 23-32.

Odom, S.L., Boyd, B.A., Hall, L.J., & Hume, K. (2010a). Erratum to: Evaluation of comprehensive treatment models for individuals with autism spectrum disorders. *Journal of Autism and Developmental Disorders, 40*, 437. doi: 10.1007/s10803-009-0873-6.

Odom, S.L., Boyd, B. A., Hall, L.J., & Hume, K. (2010b). Evaluation of comprehensive treatment models for individuals with autism spectrum disorders. *Journal of Autism and Developmental Disorders 40*, 425-436. doi:10.1007/s10803-009-0825-1.

O'Neill, R. (1987). *Environmental interactions of normal children and children with autism*. Unpublished doctoral dissertation, University of California, Santa Barbara.

Owen-DeSchryver, J., Carr, E.G., Cale, S., & Blakeley-Smith, A. (2008). Promoting social interactions between students with autism spectrum disorders and their peers in inclusive school settings. *Focus on Autism and Other Developmental Disabilities, 23*, 15-28.

Pierce, K., & Schreibman, L. (1995). Increasing complex play in children with autism via peer-implemented Pivotal Response Training. *Journal of Applied Behavior Analysis, 28*, 285-295.

Pierce, K., & Schreibman, L. (1997). Multiple peer use of Pivotal Response Training social behaviors of classmates with autism: Results from trained and untrained peers. *Journal of Applied Behavior Analysis, 30*, 157-160.

Plienis, A.J., Robbins, F.R., & Dunlap, G. (1988). Parent adjustment and family stress as factors in behavioral parent training for young autistic children. *Journal of the Multihandicapped Person, 1,* 31-52.

Russo, D.C., & Koegel, R.L. (1977). A method for integrating an autistic child into a normal public school classroom. *Journal of Applied Behavior Analysis, 10,* 579-590.

Russo, D.C., Koegel, R.L., & Lovaas, O.I. (1978). Human vs. automated instruction of autistic children. *Journal of Abnormal Child Psychology, 6,* 189-201.

Safer, N., & Fleischman, S. (2005). How student progress monitoring improves instruction. *Educational Leadership, 62*(5), 81-84.

Schreibman, L., Kaneko, W., & Koegel, R.L. (1991). Positive affect of parents of autistic children: A comparison across two teaching techniques. *Behavior Therapy, 22,* 479-490.

Seligman, M.E.P., Klein, D.C., & Miller, W.R. (1976). Depression. In H. Leitenberg (Ed.), *Handbook of behavior modification* (pp. 168-210). New York: Appleton-Century-Crofts.

Seligman, M.E.P., & Maier, S.F. (1967). Failure to escape traumatic shock. *Journal of Experimental Psychology, 74,* 1-9.

Seligman, M.E.P., Maier, S.F., & Geer, J. (1968). The alleviation of learned helplessness in the dog. *Journal of Abnormal and Social Psychology, 73,* 256-262.

Sheinkopf, S., Mundy, P., Claussen, A., & Willoughby, J. (2004). Infant joint attention and 36 month behavioral outcome in cocaine exposed infant. *Development and Psychopathology, 16,* 273-293.

Sherer, M.R., & Schreibman, L. (2005). Individual behavioral profiles and predictors of treatment effectiveness for children with autism. *Journal of Consulting and Clinical Psychology, 73,* 1-14.

Simpson, R.L. (2005). Evidence-based practices and students with autism spectrum disorders. *Focus on Autism and Other Developmental Disabilities, 20*(3), 140-149.

Singer, G., Singer, J., & Horner, R. (1987). Using pretask requests to increase the probability of compliance for students with severe disabilities. *Journal of the Association for Persons with Severe Handicaps, 12*(4), 287-291.

Skinner, B.F. (1954). The science of learning and the art of teaching. *Harvard Educational Review, 24*(232), 86-97.

Skinner, B.F. (1986). Is it behaviorism? *Behavioral and Brain Sciences, 9,* 716.

Sloane, H.M., & MacAulay, B.D. (Eds.) (1968). *Operant procedures in remedial speech and language training.* Boston: Houghton Mifflin.

Smith, A., & Camarata, S. (1999). Increasing language intelligibility of children with autism within regular classroom settings using teacher implemented instruction. *Journal of Positive Behavior Intervention, 1,* 141-151.

Smith, I.M., Koegel, R.L., Koegel, L.K., Openden, D.A., Fossum, K.L., & Bryson, S.E. (2010). Effectiveness of a novel community-based early intervention model for children with autistic spectrum disorder. *American Journal on Intellectual and Developmental Disabilities, 115*(6), 504-523.

Stahmer, A.C. (1995). Teaching symbolic play to children with autism using Pivotal Response Training. *Journal of Autism and Developmental Disorders, 25,* 123-141.

Steiner, A.M. (2011). A strength-based approach to parent education for children with autism. *Journal of Positive Behavior Interventions, 13*(3), 178-190.

Strain, P.S., McGee, G., & Kohler, F.W. (2001). Inclusion of children with autism in early intervention: An examination of rationale, myths, and procedures. In M.J. Guralnick (Ed.), *Early childhood inclusion: Focus on change* (pp. 337-363). Baltimore: Paul H. Brookes Publishing Co.

Symon, J. (2005). Expanding interventions for children with autism: Parents as trainers. *Journal of Positive Behavior Interventions, 7* (3), 159-173.

Taylor, B.A., & Harris, S.L. (1995). Teaching children with autism to seek information: Acquisition of novel information and generalization of responding. *Journal of Applied Behavior Analysis, 28,* 3-14.

Thorp, D.M., Stahmer, A.C., & Schreibman, L. (1995). Effects of sociodramatic play training on children with autism. *Journal of Autism and Developmental Disorders, 25,* 265-282.

Travis, L., Sigman, M., & Ruskin, E. (2001). Links between social understanding and social behavior in verbally able children with autism. *Journal of Autism and Developmental Disorders, 31*(2), 119-130.

Twardosz, S., & Baer, D. (1973). Training two severely retarded adolescents to ask questions. *Journal of Applied Behavioral Analysis, 6*(4), 655-661.

Varni, J., Lovaas, O.I., Koegel, R.L., & Everett, N.L. (1979). An analysis of observational learning in autistic and normal children. *Journal of Abnormal Child Psychology, 7*, 31-43

Vaughan Van Hecke, A., Mundy, P.C., Acra, C.F., Block, J.J., Delgado, C.E.F., Parlade, M.V., ... Pomares, .B. (2007). Infant joint attention, temperament, and social competence in preschool children *Child Development, 78*, 53-69.

Vismara, L.A., & Lyons, G.L. (2007). Using perseverative interests to elicit joint attention behaviors in young children with autism: Theoretical and clinical implications for understanding motivation. *Journal of Positive Behavior Interventions, 9*(4), 214-228.

Wetherby, A.M., & Prutting, C.A. (1984). Profiles of communicative and cognitive-social abilities in autistic children. *Journal of Speech and Hearing Research, 27*(3), 364-377.

Williams, J.A., Koegel, R.L., & Egel, A.L. (1981). Response-reinforcer relationships and improved learning in autistic children. *Journal of Applied Behavior Analysis, 14*, 53-60.

Wolf, M.M., Risley, T.R., & Mees, H.L. (1964). Application of operant conditioning procedure to the behavior problems of an autistic child. *Behaviour Research and Therapy, 1*, 305-312.

仲間内で、図書館というあだ名で呼ばれている酒井亮吉君が、本書関連の日本語で書かれている文献リストを提供してくれました。卒論や修論でこのテーマを取り上げている学生諸君、勉強熱心なご両親、臨床専門家の皆さんにお役に立てばと思い、ここに紹介します。

※文献一覧：年代順
■ピボタル・レスポンス・トリートメント（日本語版のみ）
☆図書

Koegel, R.L., Rincover, A., & Egel, A. L.(1982) *Educating and Understanding Autistic Children.* College-Hill Press Ins.（高木俊一郎・佐久間徹 監訳（1985）新しい自閉症児教育―その理解と指導―，岩崎学術出版社）.

Koegel, R.L., & Koegel, L.K.(1995) *Teaching Children with Autism: Strategies for Initiating Positive Interactions and Improving Leaning Opportunities.* Paul H. Brookes Publishing co.（氏森英亞・清水直治 監訳（2002）自閉症児の発達と教育―積極的な相互交渉をうながし学習機会を改善する方略―，二瓶社）.

Koegel,L.K., & Claire LaZebnik.(2004) *Overcoming Autism: Finding the Answers, Strategies, and Hope That Can Transform a Child's Life.* Penguin Books.（中野良顯 監修・八坂ありさ 訳（2005）自閉症を克服する―行動分析で子どもの人生が変わる―，日本放送出版協会）.

Koegel, R.L., & Koegel, L.K.(2006) *Pivotal Response Treatments for Autism.* Brookes Publishing Company.（氏森英亞・小笠原恵 監訳（2009）機軸行動発達支援法，二瓶社）.

Koegel, L.K., & Claire LaZebnik.(2010) *Growing Up on the Spectrum: A Guide to Life, Love, and Learning for Teens and Young Adults with Autism and Asperger's.* Penguin Books.（八坂ありさ 訳（2011）自閉症を克服する〈思春期編〉―学校生活・恋愛・就職をのりきる方法―，日本放送出版協会）.

■オペラント関連（日本の文献のみ）
☆論文――フリーオペラント法

久野能弘（1978）オペラント技法の自閉児への適用．行動療法研究，2(2), 60.

佐久間徹（1978）自閉児のオペラント療法における強化子の問題．梅花女子大学文学部紀要, 15, 17-25.

佐久間徹・久野能弘（1978）自閉児のオペラント療法における動因の問題．行動療法研究, 3(2), 10-16.

佐久間徹・久野能弘（1978）自閉児の発語促進へのオペラント技法の適用．行動療法研究, 2(2), 61.

久野能弘（1979）自閉児のオペラント療法における操作変数―佐久間論文をめぐって―．行動療法研究, 4(1), 42-49.

佐久間徹（1981）情緒障害児の言語指導．高井俊夫（編）, 財団法人子どもの城協会．

藤原義博・大野裕史・加藤哲文・園山繁樹・武蔵博文（1982）行動論的言語訓練における新たな方向性―自発的・機能的な言語の習得をめざして―．自閉児教育研究, 5, 36-49.

大野裕史・杉山雅彦・谷晋二・武蔵博文・中矢邦雄・園山繁樹・福井ふみ子（1985）いわゆる「フリーオペラント」法の定式化―行動形成法の再検討―．筑波大学心身障害学研究, 9(2), 91-103.

佐久間徹・久野能弘（1985）自閉児の言語形成に適用されるオペラント法．異常行動研究会（編）, オペラント行動の基礎と臨床―その進歩と展開―, 川島書店, 275-302.

杉山雅彦（1987）自閉児への行動療法的アプローチ―新たな展開とその問題点―．特殊教育学研究, 25(1), 43-48.

佐久間徹（1988）フリー・オペラント技法による自閉症児の言語形成（その１）―構音困難を伴う自閉症児に対するワン・サウンド・センテンスの試み―．上里一郎（編）, 心身障害児の行動療育, 同朋舎, 62-93.

久野能弘・桑田繁（1988）フリー・オペラント技法による自閉症児の言語形成（その２）．上里一郎（編）, 心身障害児の行動療育, 同朋舎, 94-129.

久野能弘・谷晋二・嶋崎まゆみ・宮下照子・大隈紘子（1988）兵庫医大型"フリーオペラント技法"の開発．安田生命社会事業団研究助成論文集, 24(1), 60-77.

杉山雅彦（1989）自閉児の治療教育に関するHIROCo法の適用．心身障害学研究, 13(2), 131-139.

藤原義博（1990）わが国の自閉症児に対する行動療法．行動療法ケース研究編集委員会（編）, 自閉症児の行動療法（行動療法ケース研究８）, 岩崎学術出版社, 143-153.

佐久間徹（1990）フリーオペラント法の今後の問題．行動療法ケース研究編集委員会（編）, 自閉症児の行動療法（行動療法ケース研究８）, 岩崎学術出版社, 132-142.

嶋崎まゆみ（1990）自閉症児のためのオペラント療法．関西学院大学文学会人文論究, 40(2), 75-93.

曽我昌祺・前田泰宏・島田修（1990）シェイピング法からフリーオペラント法へ―発達促進療法の試み―．行動療法ケース研究編集委員会（編），自閉症児の行動療法（行動療法ケース研究8），岩崎学術出版社, 16-41.

杉山雅彦（1990）自閉症児の治療教育へのHIROCo法の適用と親指導．行動療法ケース研究編集委員会（編），自閉症児の行動療法（行動療法ケース研究8），岩崎学術出版社, 61-80.

佐久間徹（1994）発達とことばと行動理論．高井俊夫（編集），ダウン症の早期教育―ワシントン大学法導入10年目のまとめ―，二瓶社, 39-83.

石原辰男（1999）自閉的精神遅滞児の発達に及ぼすフリーオペラント法の効果．京都国際社会福祉センター紀要「発達・療育研究」, 15, 31-42.

奥田健次・井上雅彦（1999）自閉症児における対人関係の改善と遊びの変化―フリーオペラント技法を適用した事例の検討―．特殊教育学研究, 37(3), 69-79.

石原辰男（2001）フリーオペラント技法適用による発達障害児の言語獲得過程．兵庫大学短期大学部研究集録, 35, 88-97.

佐久間徹（2003）梅の木会の30年．関西福祉科学大学心理・教育相談センター紀要創刊号, 37-39.

高橋正泰・大野博之（2005）乳幼児期に自閉症が疑われた男児に対する早期療育とその効果―フリー・オペラント技法を用いた指導の検討―．特殊教育学研究, 42(5), 329-340.

東俊一（2010）フリーオペラント法による知的障害児の対人音声反応の形成．ノートルダム清心女子大学紀要 人間生活学・児童学・食品栄養学編, 34(1), 51-59.

☆論文――オペラント法関連

東正（1972）精神遅滞者（児）の行動変容へのオペラント原理適用の歴史的展望．特殊教育学研究, 9(3), 1-11.

平野信喜・藤原義博・高木俊一郎（1976）自閉症児へのオペラント条件づけ法の適用―完遂法および模倣学習の有効性―．行動療法研究, 1(2), 45-55.

平野信喜・高木俊一郎（1977）自閉症児へのオペラント条件づけの適用（Ⅱ）―発達段階に応じた遊びによる課題選定と強化子に

関する検討—. 行動療法研究, 2(2), 46-56.

平野信喜・高木俊一郎（1979）自閉症児へのオペラント条件づけの適用（Ⅲ）—言語学習による食餌性，言語性および身体接触強化子の効果の検討—. 行動療法研究, 4(2), 2-13.

出口光・山本淳一（1985）機会利用型指導法とその汎用性の拡大—機能的言語の教授法に関する考察—. 教育心理学研究, 33(4), 78-88.

藤原義博（1985）自閉症児の要求言語行動の形成に関する研究. 特殊教育学研究, 23(3), 47-53.

山本淳一（1985）自閉児における刺激過剰選択性—治療教育方法の検討—. 慶應義塾大学大学院社会学研究科紀要, 25, 45-54.

山本淳一（1987）自閉児における教示要求表現の形成. 教育心理学研究, 35(2), 97-106.

杉山雅彦（1987）自閉児の行動療法的アプローチ—新たな展開とその問題点—. 特殊教育学研究, 25(1), 43-48.

加藤哲文（1988）無発語自閉症児の要求言語行動の形成—音声言語的反応型の機能化プログラム—. 特殊教育学研究, 26(2), 17-28.

佐竹真次・小林重雄（1989）自閉症児における語用論的伝達機能の発達に関する研究. 特殊教育学研究, 26(4), 1-9.

望月昭（1989）福祉実践の方法論としての行動分析学—社会福祉と心理学の新しい関係—. 社会福祉学, 30(2), 64-84.

小笠原恵・氏森英亜（1990）精神発達遅滞事例における要求語の出現頻度を高める条件の検討—機会利用型指導法およびマンド・モデル法を通して—. 行動分析学研究, 5(1), 45-56.

山本淳一（1991）発達障害児における"内的"事象についての報告言語行動（タクト）の獲得と般化. 行動分析学研究, 6(1), 23-40.

内田一成（1993）自閉症の行動療法研究の動向. 特殊教育学研究, 31(1), 45-53.

望月昭（1993）「行動福祉」という立場は成立するだろうか—障害児者福祉の研究・実践パラダイムとして—. 行動科学, 32(2), 56-59.

井上雅彦（1994）自閉症児の報告言語行動における聞き手の選択. 行動科学, 33(2), 80-90.

望月昭（1995）この10年間の行動科学と「臨床・障害分野」の関わり. 行動科学, 34(1), 23-30.

望月昭（1995）ノーマライゼーションと行動分析：「正の強化」を手段から目的へ. 行動分析学研究, 8(1), 4-11.

藤原義博（1995）自閉症の長期予後からみた療育的アプローチの動向. 児童心理学の進歩, 34, 211-234.

望月昭（1996）発達障害リハビリテーションの実践・研究について：自己決定の援助技術を中心に. 発達障害研究, 17(4), 279-282.

山本淳一（1996）自閉症児における前言語的行動の成立条件：共同注視，指さし，リファレンシャルルッキングの行動分析. 文部省科学研究費補助金重点領域研究 認知・言語の成立 論文集(2), 41-52.

奥田健次・井上雅彦（1997）自閉症児における家庭中心型指導による早期教育. 障害児教育実践研究（兵庫教育大学学校教育学部附属障害児教育実践センター）, 5, 25-34.

角谷敦子・山本淳一（1997）無発語の自閉症児における叙述的コミュニケーション行動の成立条件：リファレンシャル・ルッキング行動と指さし行動の分析. 明星大学心理学年報, 15, 49-71.

山本淳一（1997）自閉症児における前言語的伝達行動の成立条件. 音声言語医学, 38(3), 297-303.

山本淳一（1997）自閉症児における報告言語行動（タクト）の機能化と般化に及ぼす条件. 特殊教育学研究, 35(1), 11-22.

河合伊六（1998）発達に関する伝統的研究と行動分析的研究―行動分析的観点からの批判的考察―. 行動療法研究, 24(1), 39-48.

嶋崎まゆみ・嶋崎恒雄（1998）心理学の応用としての行動福祉. 関西学院大学文学会人文論究, 48(2), 43-55.

井上雅彦（1999）自閉症に対する応用行動分析学によるアプローチ（[特集]自閉症はいま……）. 発達, 78(20), 43-50.

奥田健次・井上雅彦（2000）自閉症児への「心の理論」指導研究に関する行動分析学的検討―誤信課題の刺激性制御と般化―. 心理学評論, 43(3), 427-442.

山本淳一（2000）自閉症児のコミュニケーション：機能的アプローチの可能性. 久保田競（編），ことばの障害と脳の働き. ミネルヴァ書房, 39-94.

大石幸二（2000）自閉症児における応用行動分析学に基づく事例研究の現在位置. 発達障害研究, 21(4), 297-305.

杉山雅彦（2001）行動療法からのアプローチ（[特集1]自閉症療育の新たな可能性）. 発達, 85(22), 18-22.

山本淳一・土屋立（2001）発達障害への実験発達心理学と行動的支援：帰納科学の可能性．児童心理学の進歩，40，金子書房，183-212．

坂本真紀・望月昭（2002）自閉症児における私的出来事のタクト獲得に関する予備研究―公的刺激を用いた「たのしかった／つまらなかった」の獲得―．立命館大学人間科学研究，4, 113-123．

山本淳一（2002）自閉症児のコミュニケーション支援―応用行動分析学から―（[特集] 自閉症児とコミュニケーション）．発達，92(23), 38-46．

谷晋二（2002）発達障害児の早期家庭療育の成果の検討．行動療法研究，28(2), 97-109．

小林重雄（2003）日本における応用行動分析の展開―自閉性障害への適用を通して―．行動分析学研究，17(2), 158-160．

山口薫（2003）応用行動分析学：わが国における発展と課題．行動分析学研究，17(2), 99-106．

☆図書――臨床

梅津耕作（編）『自閉児の行動療法』有斐閣双書，1975年．

東正（著）『入門 ことばのない子のことばの指導』学習研究社，1979年．

小林重雄（著）『自閉症児―その臨床例と技法―』川島書店，1980年．

小林重雄（編著）『自閉症児の集団適応―社会的自立をめざす治療教育―』学研，1982年．

小林重雄・杉山雅彦（編著）『自閉症児のことばの指導』日本文化科学社，1984年．

上里一郎（編）『心身障害児の行動療育』同朋舎，1988年．

小林重雄・大野裕史（編著）『自閉症（情緒障害双書）』黎明書房，1988年．

行動療法ケース研究編集委員会（編）『自閉症児の行動療法（行動療法ケース研究8）』岩崎学術出版社，1990年．

小林重雄（編）『自閉症児の行動療法Ⅱ 行動療法ケース研究X』岩崎学術出版社，1994年．

山本淳一・加藤哲文（編著）『応用行動分析学入門 障害児者のコミュニケーション行動の実現を目指す』学苑社，1997年．

山本淳一・池田聡子（著）『応用行動分析学で特別支援教育が変わる―子どもへの指導方略を見つける方程式―』図書文化社，

2005年.

山本淳一・池田聡子（著）『できる！をのばす行動と学習の支援―応用行動分析によるポジティブ思考の特別支援教育―』日本標準, 2007年.

奥田健次・小林重雄（著）『自閉症児のための明るい療育相談室―親と教師のための楽しいABA講座―』学苑社, 2008年.

井上雅彦（著）『家庭で無理なく楽しくできる生活・学習課題46―自閉症の子どものためのABA基本プログラム―』学習研究社, 2008年.

肥後祥治（著）『子どもたちの抱える行動上の問題への挑戦』明治図書, 2010年.

肥後祥治（著）『豊かな生活につながるコミュニケーションを育てる』明治図書, 2010年.

佐久間徹（著）『広汎性発達障害児への応用行動分析（フリーオペラント法）』二瓶社, 2013年.

石原幸子・佐久間徹（著）『発達障害児の言語獲得―応用行動分析的支援（フリーオペラント法)』二瓶社, 2015年

☆図書――基礎

日本行動分析学会（編）『ことばの獲得―言語行動の基礎と臨床』川島書店, 1983年.

岩本隆茂・高橋雅治（著）『オペラント心理学―その基礎と応用―』勁草書房, 1988年.

岩本隆茂・川俣甲子夫（著）『シングル・ケース研究法―新しい実験計画法とその応用―』勁草書房, 1990年.

杉山尚子・島宗理・佐藤方哉・Malott, R. W.・Malott, M. E.（著）行動分析学入門. 産業図書, 1998年.

実森正子・中島定彦（著）『学習の心理―行動のメカニズムを探る―』培風館, 2000年.

日本行動分析学会（編）『ことばと行動 言語の基礎から臨床まで』ブレーン出版, 2001年.

桑田繁（著）『福祉・心理の臨床場面における治療効果に関する研究―桑田繁遺作集―』関西学院大学出版会, 2003年.

久保田新ほか（著）『臨床行動心理学―医と心を考える なぜ人は心を求めるか―』丸善, 2003年.

伊藤正人（著）『行動と学習の心理学―日常生活を理解する―』昭

和堂,2005年.
小野浩一(著)『行動の基礎―豊かな人間理解のために―』培風館,2005年.
岩本隆茂・和田博美(編著)『行動心理学―社会貢献への道―』勁草書房,2006年.
日本行動分析学会(編)『行動分析学研究アンソロジー 2010』星和書店,2011年.
日本行動分析学会(編)『ケースに学ぶ行動分析学による問題解決』金剛出版,2015年.

訳者あとがき

　本書の原著者、Koegel夫妻の師匠は、O.I. Lovaas氏である。彼は、難渋を極めていた自閉症児の言語獲得に希望の光を見つけた著名人で、私は、梅津耕作氏の翻訳でLovaasの著書を読み、これなら自分たちでも、著書と雑誌論文だけでできそうだと考えた。同級生の久野能弘は、オペラント条件づけの動物実験が専門だったし、私は、実験動物の装置への馴致手段にオペラント条件づけを使っていた。原著者らはLovaasから直接に、われわれは彼の著書から学んだキョウダイ弟子といえる。内弟子、外弟子の関係である。しかし、外弟子は、師匠から許可をもらったわけでなく、一方的な押しかけ弟子で、師匠を批判するわ、兄弟子に反抗するわの不肖の弟子である。生来のシャイのため、機会があったのにLovaasには一度もお会せず、Koegel夫妻には学会で来日した時に私が訳した彼の著書にサインをいただき、10分ほどの挨拶のことばを交わしただけである。

　不肖の弟子というのは、Lovaasの言語指導のやり方がSkinner-boxそのままを自閉症児に適用し、強化子に食べ物を使っていることに反論していることである。普通に育っている幼児の言語発達に機能する強化子は、子どもの声に対する大人の音声模倣、表情や行為に対する大人の動作模倣である。自閉症という脳障がいのために大人の声や表情、行為が強化機能を果たさないから、という理由で食べ物を使っている。そして、食べ物でことばの獲得が進むということを示したのである。脳障がいがあろうと、なかろうと、学習能力があるなら、母親の声の応答、微笑や行為の応答も強化機能を持つようになるはずである。条件反射の研究でPavlovが高次条件付けと名付けてそれを示している。すなわち、音を条件刺激として条件反射を形成した後に、光と音の対提示の反復で光の提示だけで条件反射が形成できることを明らかにしている。言い換えれば、母親が食物提示と同じ機能を果たせば言語獲得が可能になるはずである。

食べ物を強化子に使用する大きな欠陥は、セラピー事態で食べ物の準備があればいいのだが、日常生活事態では、発話があっても強化子提供ができないことである。そして、子どもが満腹状態で、食べ物が強化子として機能しないことがある。Lovaasの試みでやたらに指導期間が長引き、週に40時間という信じられないほどの濃厚な指導を要したのは、強化操作と消去操作の混在が原因と思われる。Lovaas法が般化と維持が貧弱だったのは、指導場面が構造化された環境での実施で、日常生活との状況の違いが大きすぎたためである。発話という人の活動は、極めて積極的で自発的なのが特徴である。それを密室状態でセラピストに一方的に発声が強制され、絵カードに向かって発話を求められたのでは、自発的発話が出るわけがない。オペラント条件づけに関しての知識は、すでにわれわれは習得済みなので、ことばに関しては、Skinnerの『*Verbal Behavior*』という書物で勉強した。ところがこの本が難解きわまりなく、自分たちの手に負えず、難渋していると、天の救いが登場した。英語版の解説書が出版されたのである。Stephen Winokur著『*A primer of verbal behavior: an operant view*』である。われわれは、『スキナーの言語行動理論入門』（ナカニシヤ出版，1984，絶版）として訳本を出版した。そこでは、般性強化子と言語の関係が強調されている。こうして、Lovaasという先駆者を見ながら、問題点と改善策を考えながら、無言語の自閉症児に対応をした（『広汎性発達障害児への応用行動分析（フリーオペラント法）』〔二瓶社，2013〕と『発達障害児の言語獲得―応用行動分析的支援（フリーオペラント法）』〔二瓶社，2015〕にその内容がまとめられている）。Lovaas法改善のKoegel夫妻のPivotal Response Treatment®と、われわれのフリーオペラント法とはほぼ同時期に始めている。しかも、相互に何の連絡もなしにである。第1章の表のPRT®の歴史概略によると、最初の論文が1979年のR.L. KoegelとEgelのようだが、私の方は1977年の日本行動療法学会の「自閉症児の発語促進へのフリーオペラント法の適用」という口頭発表である。

訳者あとがき

　1985年の夏だったと思う。学生引率でカリフォルニアに2泊した1日目に、学生を旅行社のガイドに任せて、ひとりでカリフォルニア大の自閉症センターに行ってみた。たぶん、夏休みで無人だろうと想像していたが、案の定、無人だった。ショックだったのは、Lovaas博士の教授室が5階建ビルだったことである。ビル全階が教授の研究室なのである。中をのぞくことはできなかったが、大阪の女子大の狭い教授室をプレイルームに改装して頑張っている自分と、ロバにまたがり槍一本で風車に立ち向かうドンキホーテの姿とが重なった（スーパーのドンキホーテではないことにご注意！）。その帰路、「5階がなんじゃい。どっちにしても、問題解決を考えているのは、1,300gほどの脳神経細胞の塊じゃないか。建物が考えているわけではない。卑屈になるな！」と自分に声をかけた。

　本書の大きな特徴は、ピボタルという概念をセラピーに持ち込んだことである（本書の母親役である専門家向けの『*Pivotal Response Treatments for Autism*』が『機軸行動発達支援法』［二瓶社，2009］という表題で翻訳出版されているが、そこではpivotalは「機軸」と訳されている。概念の最初の紹介者の命名を踏襲するのが通例となっているようだが、「機軸」は機械工学系の用語であることと、本書が自閉症児の親たちや学校の先生たち向けの一般書であることをふまえ、本書では、カタカナで「ピボタル」、略記で「PRT®」とした）。ピボタルの概念そのものは、本書を読んだら、説明を加える必要がない。日本の学校関係での障がい児指導では「ひとつひとつの積み重ねが大切」と念仏のように繰り返すだけで、指導の優先順位、指導の軽重の議論が皆無といっていいほどである。最近になり、QOLの議論が少しばかりと、正体不明のしつけが重要の議論ばかりである。特に、しつけの重要視がひどい。しつけが重要と言いさえすれば、誰もが納得、同意、反論しない。しかし、しつけに関して、何歳頃、どんな項目について、どんなふうにやるのがベストなのか、誰も何も明らかにしていない。しつけが大事、の大合唱の中で一番重要なことが明らかにされていない。「○

179

○をしなさい」「××をしてはいけない」を指示通りしないと、親は罰の使用以外に方法を知らない。親はしつけと児童虐待の罰則の板挟みで、「子育てが難しい、子育てが難しい」の悲鳴を上げている。しつけ、ということばは古い大和ことばなのだが、江戸時代までは現在と意味が異なっていた。特権階級の若い女性が宮中に勤務するために、宮中の作法、習慣、短歌を作り、巧みな返歌をする能力の習得のことだった。江戸時代に徳川家康が子どもの養育係の家臣に厳しくしつけるようにと書いた文書が、現在の意味のしつけの最古の文書だということである。親たちがしつけということばを知らなかった時代の一般庶民の日本人は、出来損ない揃いだったのだろうか？　そんな史実は存在しない。正体不明のしつけということばに翻弄されずに、障がい児の指導をする指針がピボタルなのである。

　しかしながら、本書ではピボタルの具体的な中身を指摘しているが、重要部分にいくつかの修正、削除、加筆が必要と思われる。私が40歳代の頃、偶然、無言語の重度自閉症児をくすぐると彼は笑いだし、短期に症状の改善が見られ、発語まで出現するという経験をした。他の自閉症児もくすぐってみると、大きな改善が見られ、発語の出現まではいかずとも、大幅改善がほぼ例外なく見られることを確認した。幼稚園、保育所の保母さん対象の講演会でくすぐりの話をすると、保母さんたちも重度自閉症児をくすぐって行動に大きな変化が出るという経験をした、という話を複数聞かされた。私は自分の大発見だと思っていたが、現場では保母さんたちが経験していることだったのである。学会などで自閉症児をくすぐる話を聞いたことがないので、くすぐり効果を発表すると、高名な国立教育大学の教授から「自閉症児をくすぐるという話は文献で見たことも、聞いたこともない」と揶揄を受けた。外国の文献にないから学会報告をしたのであって「この権威主義の能無しめ」と思ったが、学会員の大半が国立教育大学系の特殊教育学会では高名な教授を相手に、議論ができず、気弱な私は沈黙で帰路をとぼとぼだった。その後、

訳者あとがき

カナダからの同業のセラピストに個人的に会った折に、くすぐりの話をした。と彼は、「良いアイデアだがカナダではできない。障がい児をくすぐったらカナダでは幼児わいせつの嫌疑がかけられる」というのである。びっくり仰天、ところ変われば品変わる、である。世界で一番大人が子どもをくすぐる民族はインド人だと聞いているが、インドでは自閉症児が少ないのかどうか、知りたいものである。海外でくすぐる手段が使われない理由は文化の違いだったのである。くすぐりは、良い方法なのだが、上手な人だと成果が大きいのだが、下手な人だと逆効果になってしまう。くすぐる練習をすると、一部の人は上手になるが、練習の効果がまるでない人も多い。ピボタルのひとつに入れたいが、普遍性と国際性に欠けているので、失格でしょう。どんな子どもでもくすぐって笑わせる自信のあるアジア人なら強力な秘密兵器になる。くすぐりで大笑いするのは人間だけらしい。昔、30年ほども以前に、皮膚感覚が専門の心理学者に「動物はくすぐりに反応するのか？」と聞いたことがあるが、「くすぐりの刺激強度、くすぐり刺激に対する反応強度の測定が困難なので誰も取り上げていない。チンパンジーはくすぐり刺激に反応するようだ」という話だった。くすぐりは、親しくない人にやられると鳥肌がたち、自分でくすぐってもくすぐったくなく、くすぐる動作のまねで皮膚にタッチしていないのにくすぐったい。不思議な感覚である。この謎を解明してほしいものだ。基礎研究が進み、生理機構が明らかになり、効果的な適用法が明らかになれば、有力なピボタルになるだろう。

Lovaas、Koegel らは、自閉症児に模倣行動を獲得させれば、指導が大幅に楽になり、自閉症児を定型発達児に限りなく近づけられると考えたが、成果を出せなかった。貧弱な模倣行動は出せたのだが、期待通りではなかった。そのために、模倣行動の形成をピボタルに取り入れていない。なぜなのか理由はわからないのだが、Lovaas は自閉児の言語獲得の指導をしながら Skinner の『*Verbal Behavior*』を読んでいない節が見られ、Koegel は、完全

に無視している。言語獲得の指導に成果をまったく出せなった時代に Lovaas が道を開いたのは、Chomsky の生成文法論でもなく、Piaget の発達理論でもなく、Vygotsky でもなく、Skinner の徹底的行動主義という哲学である。オペラント条件づけがセラピーの基礎理論であり、本書第 4 章では、積極的自発性をピボタルに含めながら、模倣行動の自発性の貧弱を嘆いている。模倣行動の形成に指導者がモデルを提示し、子どもの背後に助手が控えていて、モデル通りの動作をプロンプトしている。子どもに模倣行動を強制しておいて、模倣行動の自発性が貧弱だと嘆いている。彼らはこの矛盾に気づかず、自閉症という障がいのせいにしている。

　積極的自発的な模倣活動が活発になれば、教えるという作業はモデルの提示だけでいいことになるはずである。私たちは、積極的自発性を高めながら模倣行動を形成する手段として、指導者の方が子どもの発声や行為を模倣するという手を考えた。実際にしてみると、不思議な現象が現れるのである。子どもたちが軽い躁状態を示し始め、しばらく続けていると、子どもたちの方から模倣の模倣が出てくるのである。定型発達児なら10分以内に模倣の模倣を示し、自閉症児では、症状の重度に比例して、ゆっくり模倣の模倣を示し出す。そして、対人関係の改善を示してくれる。音声模倣が出だすと、まもなく、発話が始まる。先に示した『発達障害児の言語獲得』はその典型例である。とにかく、模倣に積極的自発性が見られたら、両親にも子どもの模倣をしてもらい、模倣力を強めてもらう（これを「逆模倣」と呼んでいる）。ほぼ Lovaas が考えたとおりの結果が出る。Koegel らの積極的自発性の強調はまさにその通りで、模倣の活発化が達成できれば、語彙増加の指導も「What is this?」の疑問詞の指導も必要なくなる。模倣で自発する。社会性の獲得も日常生活の中で獲得されていく。模倣に関しては、脳科学関係で、1996年以来、イタリアの G.Rizzolatti のミラーニューロンの発見を契機に進んでいて、現在、カリフォルニア大学はその研究のメッカのひとつである。本書では一行もそれに触れていない。なぜか、マンモス大

訳者あとがき

学で、しばしば同じテーマを追いかけながら隣の研究室と没交渉ということをしている。

「自閉症障害はこれまで考えられていたほど重症ではなく、外見上重度にみえる障害様相は正常でない発達過程から生じた副次的効果だと考えている」。『機軸行動発達支援法』（二瓶社, 2009）の序の冒頭に書いている。この大胆な所見を読んで、私は震えるほどのショックを受けた。私自身も同じことを考えていたが、生来の気の弱さから、自閉症脳障がい説が圧倒的な社会で、口を噤んでいたのである。自分の仕事は原因探しではなく、障がいの解決、克服なのだと自分に言い聞かせていた。この辺が、5階建の研究室の主と槍一本のドンキホーテの違いなのでしょう。

　自閉症特有の諸症状の解消はさほど難しいものではなく、言語の発達も上記のように音声模倣で解決し、社会性の発達も、言われているほど難しいものではない。ひとつひとつ教えると困難が増幅するのであって、ピボタルの機能を総動員すれば解決する。自閉症はまさに考えられているほどに重症ではないと考えるようになった。ところがである。しつけが重要という育児迷信は簡単には破棄されない。子どもの行動を模倣するだけで言語の発達が進むと言われても……、何も教えないでほっとくだけで、社会性が育つなんて信じられない。親たちは実際に自分の子どもの変化を目の前にすると信じてくれるが、「教える」を職業にしている人たちは、「ひとつひとつの積み上げが重要」という迷信にしがみついて、そこから離れようとしない。私たちの社会には文化という法律以上の拘束力があるものがあり、英語で教えるは"teach"と言い、教える仕事の人を"teacher"と言っている。"teacher"が子どもの模倣をするという発想は、逆関係になるので、思いのほか、意識の逆転は困難である。幸い、日本語は、一般に「先生」と呼んでいる。ただ単に、先に生まれた人、という意味でしかない。住宅にかならず夫婦の寝室と子ども部屋を持つ人たちと、一室に川の字で寝る習慣の国とでは

183

ものの考え方に違いがある。子どもの行動を忠実に親が模倣をする逆模倣の発想は日本人では普通の行動なのである。親子が別々の人種と考える人たちが、強力な積極的自発性を獲得させるには、逆模倣とは別の手段を模索しなければならない。加えて、逆模倣を困難にしている問題は、セラピストがモデルを提示し、助手がプロンプトをするという手続きが、全面的に失敗だったというわけではなかったことである。失敗すると、人間は方向転換をするが、半分成功し、半分失敗だと、方向転換せずに、同じ方向で工夫する方向に進む。工夫の方向に進まず、自閉症の特性のせいにしてしまう。これは成功者が一番に落ち込む落とし穴である。自分が努力して成功しないことを、対象のせいであると決めつけてしまう。セラピストが困難の原因を対象のせいにしては、何の成果も得られなくなる。

　第1章で述べられているエピソードのひとつがとても気になる。学校からの要請で、PRT実施の相談で訪問すると、子どもが授業に参加せず、教室内を走り回っている。スタッフに「PRTを実施しているのか？」と尋ねると、「ハイ」の返事だった。「PRTの重要ポイントは何ですか？」と質問すると、「子どもに選択させることです」と言う。「選択というのは、標的行動範囲内の選択のことです」とスタッフの勘違いを訂正したというのである。けれども、第4章では、積極的自発性はピボタルだと言っている。教室内を走り回る行動は、不適応、適応を別にすれば、それなりに積極的自発性の行動です。積極的自発性を抑制して、選択を一定範囲に制限をして、モチベーションが貧弱という問題が解決するとは思えない。積極的自発性を尊重しながら不適応行動の変容をはかる方策を学校のスタッフに教示すべきです。子どもが椅子に座って勉強するほうを自発的に選択するように指導すればいい。koegel夫妻は上手に娘の算数苦手の話を挿入しているので、私も。やはり私の娘も小学生時代、算数嫌いで、成績は悲惨なものでした。その改善策として、勤め先から私が帰宅して、娘が算数の宿題をしているのを見かけたら、鞄から強化子を1個出して、「偶然これを見つけたよ」と言っ

て娘に提供した。強化子は当時娘が集めていた小さなガラス瓶、香水瓶、インク瓶などだった。まもなく算数大好きになり、成績も向上した。彼女のコレクションが、10個を超えた頃、算数のテストでひどい点数を取ってきた。問題を見ると、「縦横が10センチ18センチの容器に水を5.4リットル入れたら水の深さはいくらになりますか？」という問題だった。佐久間「この問題の計算方法は知っているはずだろう」。娘「高さのわからない容器にどうやって水を入れるの？　容器の高さが雲くらい高いところだったら水は途中で蒸発するでしょう。考えていたら時間になっちゃったの」。娘は算数と相性が悪いのだ。算数の成績がどんなに悪くても生きていけると考え、学校の成績は、以後、気にしないことにした。現在、彼女は哲学博士で前衛術家で活躍中である。後半は親バカちゃんりん蕎麦屋の風鈴である。言いたいことは、強化子提供だけで、椅子に座り勉強するようになるということである。

　モチベーションアップの手続きをいろいろ考え、工夫を凝らしている努力は、同じ仕事をしているわれわれも、人ごとでなく、理解できる。しかし、モチベーション操作がもっぱら手続きに偏っていて、強化子操作が抜けているように思う。例えば、ドリル２ページで100円のトークンよりも、ドリル２ページで200円のトークンのほうがモチベーションがアップする。ドリル２ページで現金が20,000円なら、セラピストが子どもからドリルを取り上げて、全部自分がしてしまうだろう。強化子は、尊敬する人からの賞賛のことば、自己満足、自己実現など、メンタル強化子がいろいろあるだろう。小賢しい手続きよりも強化子の質を考える方がずっと有意義だと思うが、いかがでしょう？

　私たちの社会は貨幣経済社会です。なのに、社会参加を強調しながら、障がい児たちの多くがお金に対するモチベーションがゼロ、あるいはゼロにごく近い状態である。金銭トラブルの回避には好都合で、金銭欲ゼロの人間は人々に安心感を抱かせ、愛される。しか

し、人間として生きる上で、労働に従事するには、モチベーションゼロでは成り立たない。昔、養護学校優等生ということばがあり、勉強が良くでき、指示にも良く従い、誰もが一般企業で働けるだろうと期待していても、半年も続かないケースが多かった。労働の対価のお金が労働の強化子として機能しないことが原因だった。昔、支援学校が養護学校と呼ばれていた頃、先生たちに、子どもたちが働けるようになるためには、お金に対するモチベーションが重要、という話をしたら、「本校ではお買いもの遊び、銀行ごっこをしています」と誇らしげな答えが返ってきた。お買い物ごっこは経済の仕組みの理解になるだろうが、モチベーションアップにつながるとは思えない。

　あとがきに名を借りて、勝手なおしゃべりをしてしまった。これで失礼します。

　　2016年8月

　　　　　　　　　　　　　　　　　　　　佐久間　徹

【訳者略歴】

◎ 小野 真　おの まこと

1976年、茨城県生まれ。明星大学日本文化学部言語文化学科卒。関西福祉科学大学大学院社会福祉学研究科臨床福祉学専攻博士前期課程修了。公認心理師・臨床発達心理士・介護福祉士。専門はABA（応用行動分析）・言語行動。翻訳書に『スキナーの心理学』『タッチ』（いずれも二瓶社）がある。

◎ 佐久間 徹　さくま とおる

1935年、北海道生まれ。関西学院大学文学部心理学科卒。同大学大学院満期退学。梅花女子大学教授、関西福祉科学大学教授を歴任。翻訳書に『一事例の実験デザイン』『はじめての応用行動分析』『スキナーの心理学』『タッチ』、著書に『広汎性発達障害児への応用行動分析（フリーオペラント法）』、共著に『発達障害児の言語獲得──応用行動分析的支援（フリーオペラント法）』（いずれも二瓶社）などがある。

◎ 酒井亮吉　さかい りょうきち

1978年、大阪府生まれ。関西福祉科学大学社会福祉学部社会福祉学科卒。同大学大学院社会福祉学研究科臨床福祉学専攻博士前期課程修了。公認心理師・社会福祉士・臨床発達心理士。翻訳書に『スキナーの心理学』『タッチ』（いずれも二瓶社）がある。

発達障がい児のための新しいABA療育 **PRT**®

〈 Pivotal Response Treatment®の理論と実践 〉

2016年9月20日　第1版　第1刷	
2021年7月20日　　　　　第2刷	

著　者	ロバート・L・ケーゲル
	リン・カーン・ケーゲル
訳　者	小野真／佐久間徹／酒井亮吉
発行所	有限会社二瓶社
	TEL 03-5648-5377
	FAX 03-6745-8066
	郵便振替 00990-6-110314
	e-mail: info@niheisha.co.jp
装　幀	株式会社クリエイティブ・コンセプト
装　画	shutterstock
印刷製本	亜細亜印刷株式会社

万一、乱丁・落丁のある場合は購入された書店名を明記のうえ小社までお送りください。送料小社負担にてお取り替え致します。但し、古書店で購入したものについてはお取り替えできません。なお、本書の一部あるいは全部を無断で複写複製することは、法律で認められた場合を除き、著作権の侵害となります。
定価はカバーに表示してあります。

ISBN 978-4-86108-077-7　C3011
Printed in Japan

二瓶社 好評既刊

広汎性発達障害児への応用行動分析
――フリーオペラント法――

佐久間 徹 著

新書判　並製　192頁
定価（本体800円+税）
ISBN 978-4-86108-062-3

言語発達遅滞を解決するカギは？
不適応行動が深刻……
言語や社会性の発達を促すにはどうすればいいのか。
積極的にやるべきこと、やってはいけないこと、配慮すべきこと……。
45年にわたり臨床現場で発達障害の子どもたちをみてきた著者がそのすべてを語る。

二瓶社 好評既刊

発達障害児の言語獲得
応用行動分析的支援
（フリーオペラント法）

石原幸子／佐久間 徹 著

新書判　並製　224頁
定価（本体800円＋税）
ISBN 978-4-86108-073-9

「ことばの獲得は難しいかもしれません」

大学病院でそう診断されたあいちゃんの小さな相談室での成長記録

応用行動分析（フリーオペラント法）による言語獲得実践の書